かんたん・きれい

幼児の新しい壁面構成

もくじ

※「製作目安時間」は、人数や製作環境によって異なりますので、あくまでも目安としてとらえてください。

入園おめでとう

製作
目安時間
30分

うれしさいっぱいで入園してきた子どもや、緊張感のある子どもたちを温かく迎える壁面構成です。「イヌさんも、リスさんも、ウサギさんも、クマさんも、みんなにおめでとうって言ってるよ」などと、ことばがけをしましょう。

※「製作目安時間」は、人数や製作環境によって異なりますので、あくまでも目安としてとらえてください。

※作り方と型紙は34～35ページにあります。

こどもの日

製作
目安時間
40分

「大きくなったね」と、成長を喜ぶことばがけをしながら身長を計ってあげましょう。こいのぼりの飛行船が空を飛んでいます。

※この作品は樹脂粘土で出来ています。樹脂粘土は、とても軽くて扱いやすい製作素材です。手芸店や画材店などで手に入ります。入手しにくい場合は、96ページをご参照ください。樹脂粘土の基本作業は、33ページに載っています。

※作り方と型紙は36〜37ページにあります。

母の日

製作
目安時間
50分

樹脂粘土で作りましょう。ネコのお母さんの胸に飾ったカーネーションは、一人ひとりが自宅に持って帰り、おうちの人にプレゼントできます。カーネーションのブローチは、子どもたちに作ってもらいましょう。

※樹脂粘土の基本作業は、33ページに載っています。

◀カーネーションのブローチ

※作り方と型紙は38〜39ページにあります。

春の誕生表

製作
目安時間
それぞれ
30分

掲示が終わったら、それぞれの子どもに
プレゼントしましょう。

小鳥の誕生表

花の誕生表

花びらは首飾りにして持って帰ることができます。

▲花びらの首飾り

※作り方と型紙は40～41ページにあります。

雨の日も楽しく

製作目安時間 30分

アジサイに降り注ぐ雨でカエルがあそんでいます。カタツムリも雨を楽しんでいます。「雨が降っているとき、ネコさんはどうしてるのかしら」などと話しかけてみましょう。雨の続く日も楽しくなる壁面構成です。

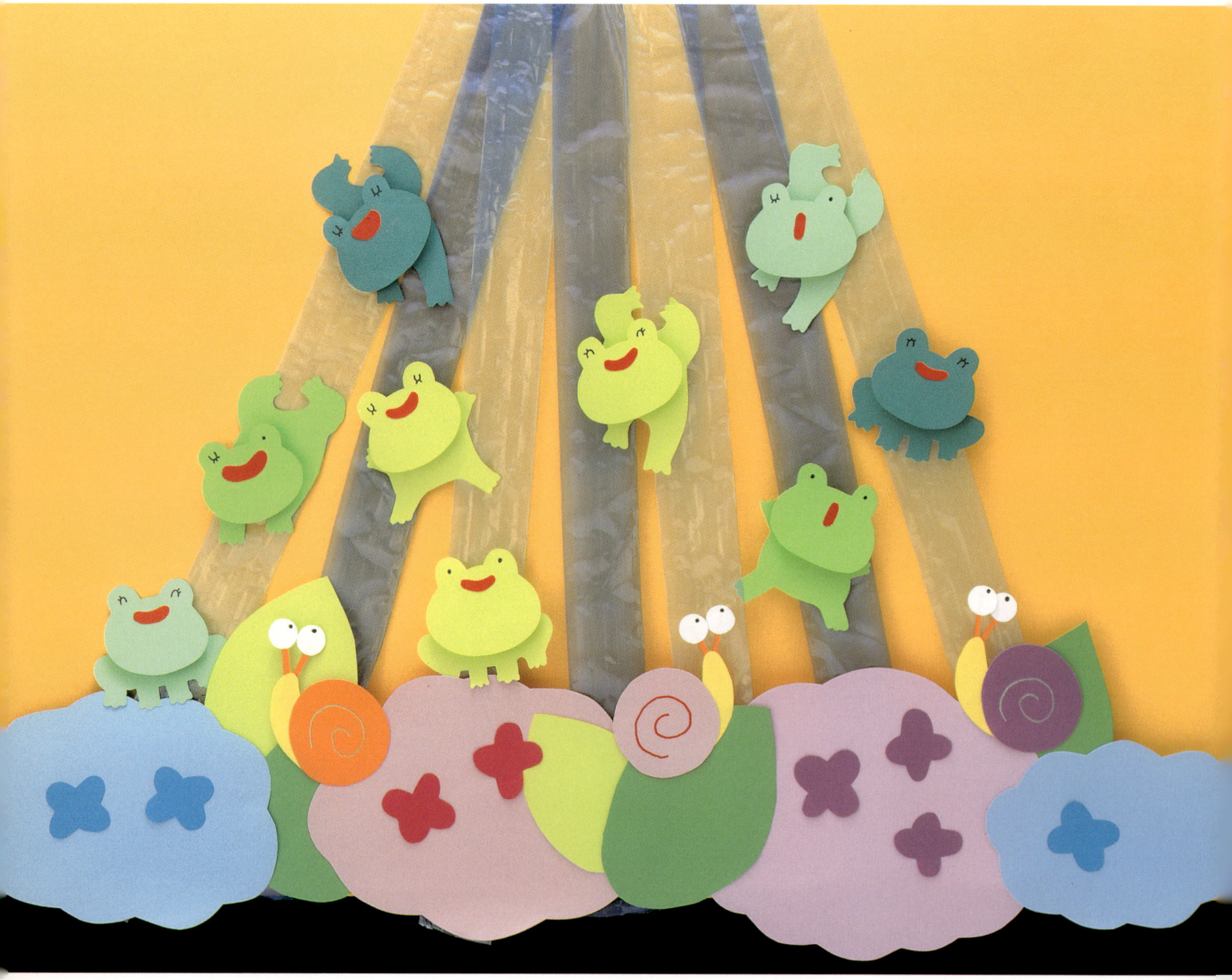

※作り方と型紙は42～43ページにあります。

父の日

製作
目安時間
30分

樹脂粘土を使って、子どもたちにひとつずつ作ってもらい、ずらりと飾りましょう。メッセージカードはクリップでとめられるようになっています。父の日には家に持ち帰って、おうちの人にプレゼントしましょう。

※樹脂粘土の基本作業は、33ページに載っています。

◀後ろに安全ピンをつけると、ブローチになります。

※作り方と型紙は44～45ページにあります。

七 夕

製作
目安時間
40分

プリンの空き容器を使った星の妖精が、天の川をイメージした不織布の上にいて、彦星のクマさんと織姫のウサギさんが向かい合っています。七夕の由来を話し、夜空に広がるメルヘンの世界に誘いましょう。

※作り方と型紙は46～47ページにあります。

夏だ！

製作目安時間 30分

お花が笑いかけています。ステンシルの手法（とても簡単です）を覚えておくと、いろいろな展開ができて便利です。

※ステンシルとは、紙や金属板、皮革などを切り抜いて作る「刷り込み型」、またはそれを使って印刷する方法のことです。大量に同じものを作る場合に適しています。ステンシルの基本作業は、33ページに載っています。

※作り方と型紙は48〜49ページにあります。

海の中

製作目安時間 40分

海の中で、きれいな魚がいっぱい泳いでいる壁面構成です。クリップでとめた魚を床に置くと、磁石の魚釣りをしてあそべます。夏の暑い日を涼しい雰囲気にしましょう。

※作り方と型紙は50〜51ページにあります。

夏休みの生活

製作目安時間 20分

夏休みを安全に生活できるように、壁面でも子どもたちに伝えましょう。
ウサギの型紙は同じものを使いますので、わりあい簡単に、短時間で作ることができます。

なつやすみの
やくそく
はやね!
はやおき!
ぼうしを
かぶろう!
くるまに
きをつけよう!
あぶないばしょに
いかない!!

※作り方と型紙は52～53ページにあります。

夏の誕生表

製作
目安時間
それぞれ
30分

セミの誕生表

飾ったあとは、それぞれ自宅に
持ち帰りましょう。

ヨーヨーと金魚袋の誕生表

※作り方と型紙は54～55ページにあります。

廊下・階段の壁面構成(春・夏)

製作
目安時間
20分

廊下・階段の壁面にも楽しい壁面構成をしましょう。

サルの木登り

製作
目安時間
40分

※作り方と型紙は56～57ページにあります。

ドライブ

のれん（春・夏）

製作目安時間 40分

保育室や職員室の入り口に、季節感のあるのれんを吊しましょう。
製作物を口に入れたり食べたりしないように十分に注意してください。

※作り方と型紙は58〜59ページにあります。

運動会

製作目安時間 40分

針金ハンガーを使ったかごに紙玉を入れてあそべる壁面構成です。紙玉でも、保育室の中では人に当てないように助言しましょう。元気いっぱいで運動会を迎える導入にぴったりです。

※作り方と型紙は60〜61ページにあります。

お月見

製作
目安時間
30分

保育室にお月さまが浮かんでいるって素敵でしょ。
製作物を口に入れたり食べたりしないように十分に注意してください。

※「製作目安時間」は、人数や製作環境によって異なりますので、あくまでも目安としてとらえてください。

※作り方と型紙は62〜63ページにあります。

実りの秋

製作目安時間
30分

サクランボとナスの、実りのキャラクターです。
小さなものをたくさん作ってもかわいいですよ。
製作物を口に入れたり食べたりしないように
十分に注意してください。

※作り方と型紙は64～65ページにあります。

秋の誕生表

製作目安時間 それぞれ 30分

キノコの誕生表

※作り方と型紙は
66～67ページに
あります。

ブドウのつぶはひとつずつがカードになっています。飾り終わったら、それぞれの子どもにプレゼントしましょう。

ブドウの誕生表

▲ブドウのひとつぶを開くと…

雪が降る

製作目安時間 30分

かわいい雪の妖精が舞い降りてきました。
レースペーパーを使うと、雪の結晶の雰囲気がうまく出せます。

※作り方と型紙は68〜69ページにあります。

クリスマス

製作
目安時間
30分

雪だるまのサンタクロースの袋には小さな雪だるまがいっぱいです。雪だるまは子どもたちが作って、自宅に持ち帰りましょう。

※作り方と型紙は70～71ページにあります。

サンタクロース・リース

製作目安時間 40分

サンタクロースの下にかかった箱の中に、
おやつやプレゼントを入れましょう。

※作り方と型紙は72〜73ページにあります。

お正月

製作目安時間 30分

羽子板をデザインして壁面構成にしました。
昔ながらのあそびも教えてあげてください。

※作り方と型紙は74～75ページにあります。

ひなまつり

製作
目安時間
30分

樹脂粘土で作ったウサギのおひなさまです。とても軽量なので、壁面にも簡単に飾りつけられます。時間に余裕があれば、同じ要領で、三人官女なども作ってみましょう。

※樹脂粘土の基本作業は、33ページに載っています。

※作り方と型紙は76～77ページにあります。

進級おめでとう

製作
目安時間
30分

風船を持った動物たちが、「みんな、ひとつ大きくなっておめでとうって言ってるよ」と、進級することの意味を伝え、みんなで喜び合える雰囲気づくりに役立てましょう。

※作り方と型紙は78～79ページにあります。

卒園おめでとう

製作
目安時間
20分

同じ型を使って、樹脂粘土で作っています。男の子は、チョウネクタイ、女の子はリボンをつけたゾウさんです。横にたくさん並べると、手をつないでいるようです。卒園児の名前を書き込み、安全ピンをつけて、ブローチにしてプレゼントしましょう。

※樹脂粘土の基本作業は、33ページに載っています。

※作り方と型紙は80〜81ページにあります。

冬の誕生表

製作目安時間 それぞれ 30分

毛糸の手袋の誕生表

毛糸のミトンの片方が日付けで、もう片方が誕生児の名前です。
毛糸にくるまったネズミさんが、とてもかわいいでしょ。

手袋と帽子の誕生表

樹脂粘土の作品に安全ピンをつけると、ブローチとしてプレゼントできます。

※作り方と型紙は82～83ページにあります。

廊下・階段の壁面構成（秋・冬）

製作目安時間 それぞれ 30分

さっぷうけいな廊下・階段にもアートをしましょう。
廊下・階段の壁面にも楽しい演出ができます。

ヒヨコ

キノコ

※作り方と型紙は84～85ページにあります。

のれん（秋・冬）

製作目安時間 30分

壁面だけではなく、保育室や職員室の入り口にも楽しい飾りつけをしましょう。
製作物を口に入れたり食べたりしないように十分に注意してください。

※作り方と型紙は86～87ページにあります。

花びんと植木鉢

製作目安時間
全部で60分

ペットボトルを使った花びん

▲首を取ったところ

花びんや植木鉢も大切な環境構成です。

※作り方と型紙は88～89ページにあります。

植木鉢の名札

植木鉢の受け皿

掲示板①

製作目安時間 それぞれ 20分

文字にイラストを入れると、かわいい掲示板の出来上がり。

※作り方と型紙は90～91ページにあります。

手を洗おう!

てをあらおう!

静かにしてね

しずかにしてね

かたづけよう!

かたづけよう!

きちんと入れよう!

きちんといれよう!

掲示板②

製作目安時間 それぞれ 30分

保護者の方々への掲示板も、ちょっとした工夫で心がなごむものになります。

お知らせ掲示板

給食献立掲示板

※作り方と型紙は92〜93ページにあります。

おしゃべりエプロン

製作目安時間 全部で90分

「静かにしてお話を聞いてね」とか「かたづけましょう」と声を張り上げるよりも、こんなエプロンで子どもたちの関心を引いてみてはいかがでしょうか。

▲道具箱のマークは「かたづけましょう」
▲耳のマークは「お話を聞いてね」

※作り方と型紙は94〜95ページにあります。

樹脂粘土の基本作業

樹脂粘土は、やわらかさと腰の強さをあわせ持つひじょうに扱いやすい粘土です。色つけは油絵の具やアクリル絵の具などを混ぜて練り込みましょう。その他、扱い方は、それぞれの商品（樹脂粘土）のパッケージに書いてある「使い方や注意書き」などを守ってください。決して口に入れたり食べたりしないように十分にご注意ください。

丸めたり伸ばしたりして形成する。

紙のように薄く伸ばして、ハサミで切ったり、ボンドではったりする。

ラップを芯に巻いたまま使う。

ひも状にして、ビンやペットボトルに巻いたりする。

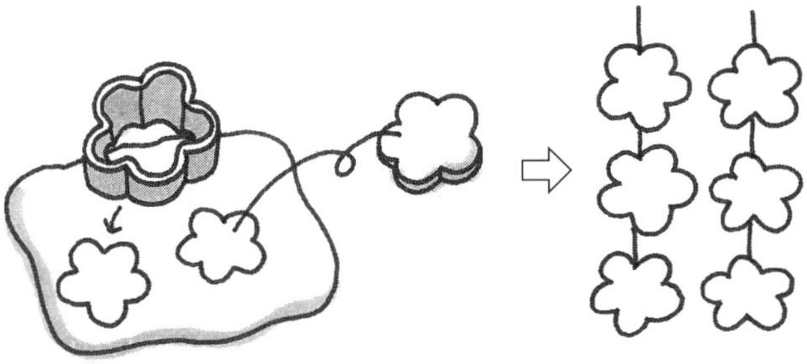

野菜型やクッキー型を使って、のれん、名札などを作る。

ステンシルの基本作業

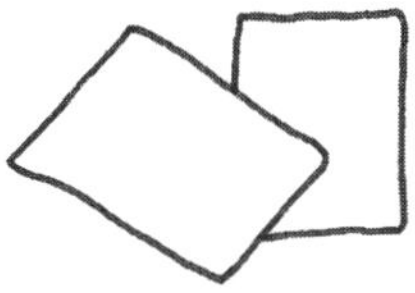

ステンシルシート

カッターナイフ
（ステンシル用ナイフ）

筆
（毛先が平らなもの）

ステンシル用絵の具
（アクリル絵の具も可）

※キッチンペーパーやパレットも用意しておくと便利。

- ステンシルは洋風型染めです。
- ステンシル用絵の具は水で溶けますが、乾くと耐水性になります。
- 絵の具によっては、ガラス、金属にも染めることができます。
- 同じもの（名札、マークなど）を作るのに便利です。

切り抜いて、毛先を平らにした筆でたたくようにして色をつけます。

入園おめでとう

※作品は2ページに載っています。

型紙を拡大コピーして
色画用紙に写し取り、
切り抜きます。

●型紙

●作り方

1.クレープ紙を細長く切り、
紙皿の周りに
ボンドではる。

2.色画用紙を丸く切り、
上下にはりつける。

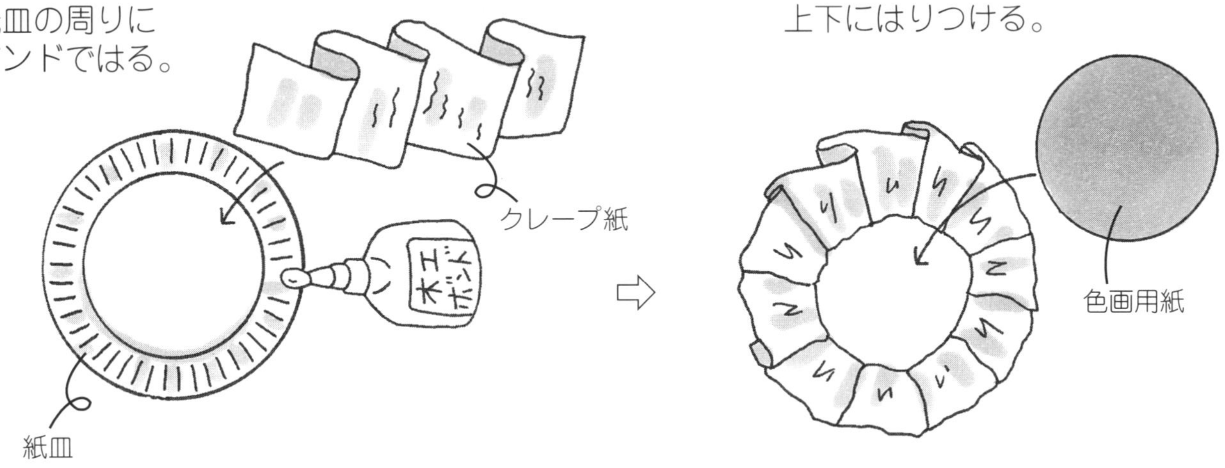

クレープ紙
ボンド
紙皿
色画用紙

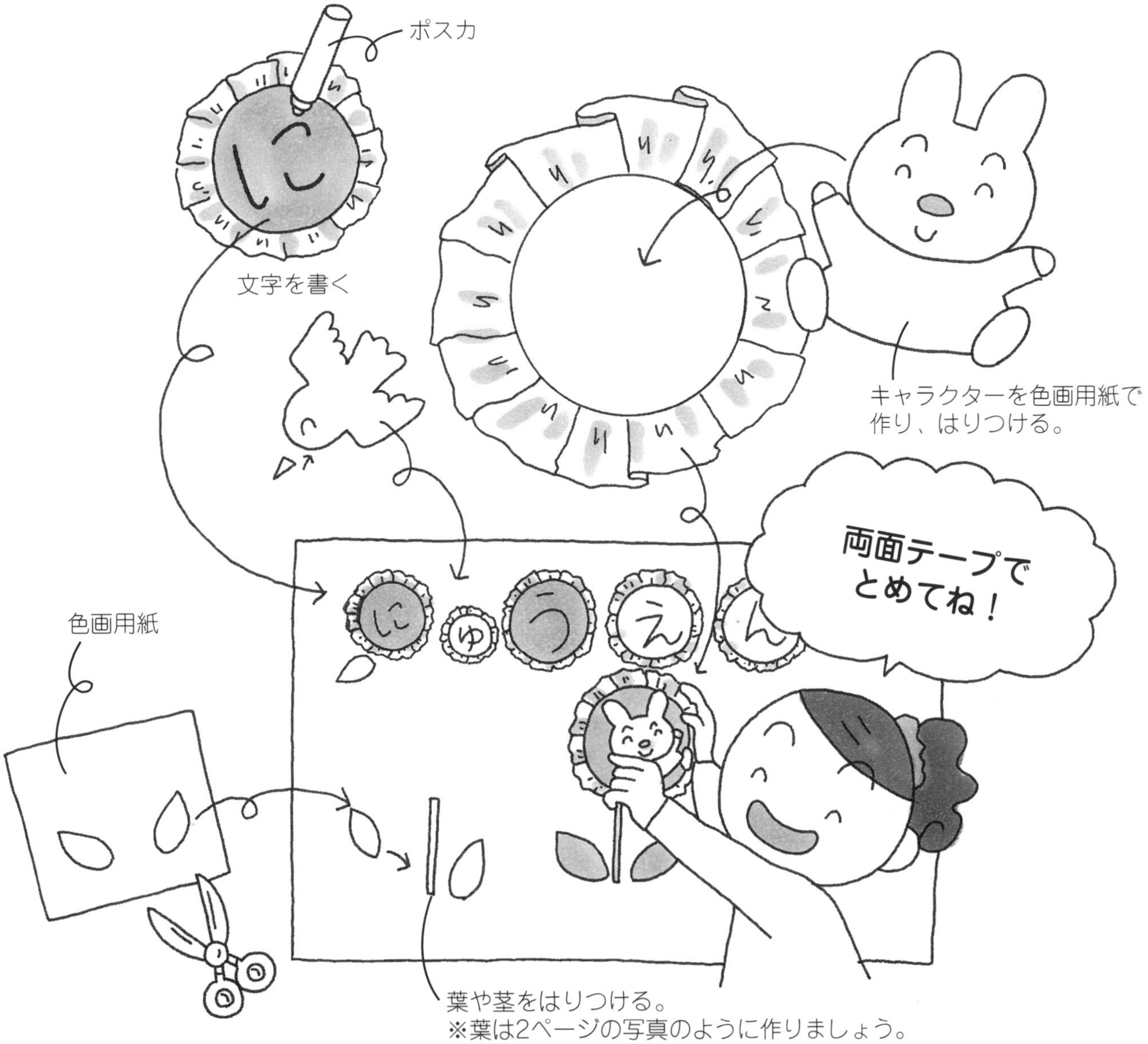

ポスカ
文字を書く
キャラクターを色画用紙で
作り、はりつける。
両面テープで
とめてね！
にゅうえん
色画用紙
葉や茎をはりつける。
※葉は2ページの写真のように作りましょう。

※作品は3ページに載っています。

●型紙

※拡大コピーをしてください。

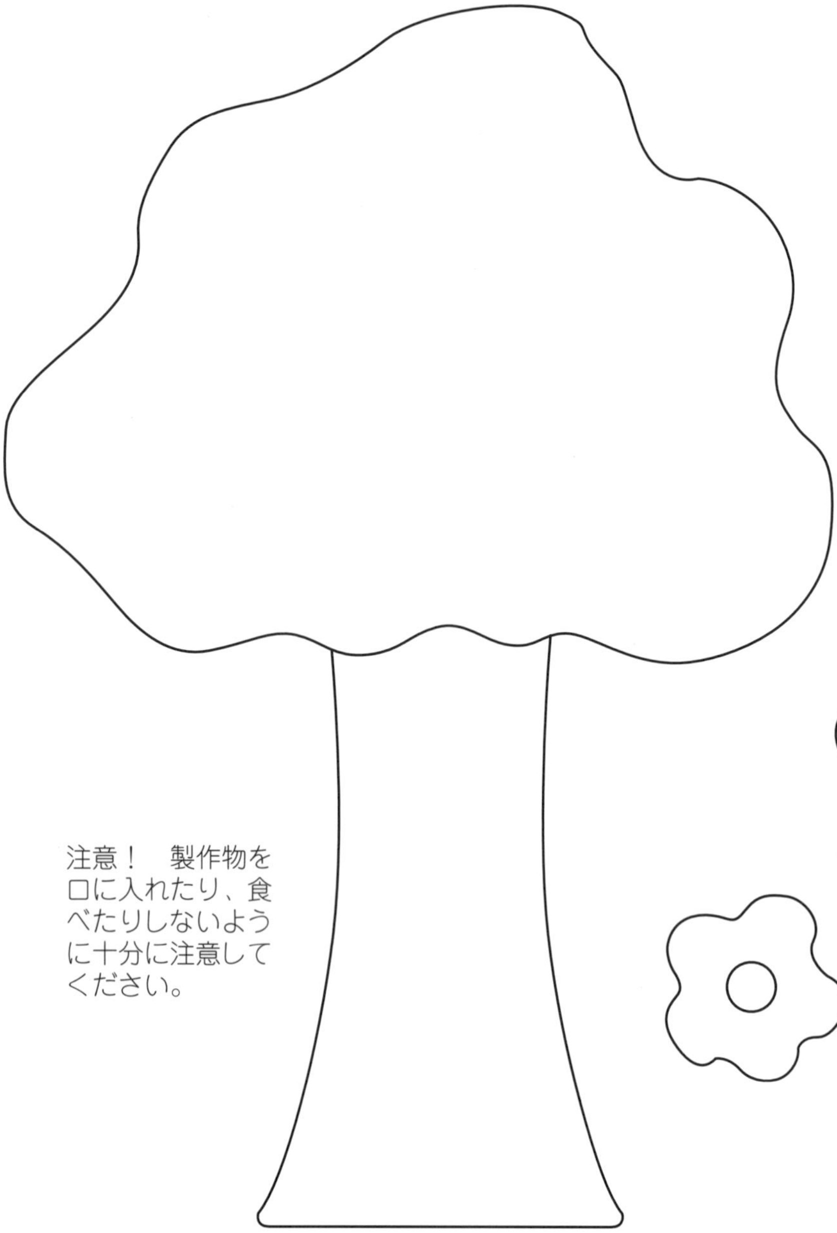

注意！　製作物を口に入れたり、食べたりしないように十分に注意してください。

●作り方

樹脂粘土で作ります。

樹脂粘土は、とても軽くて扱いやすい製作素材です。手芸店や画材店などで手に入ります。入手しにくい場合は、96ページをご参照ください。樹脂粘土の基本作業は、33ページに載っています。

樹脂粘土
それぞれの色に合わせて油絵の具やアクリル絵の具などを少しずつ混ぜる。
ラップの芯で薄く伸ばす。

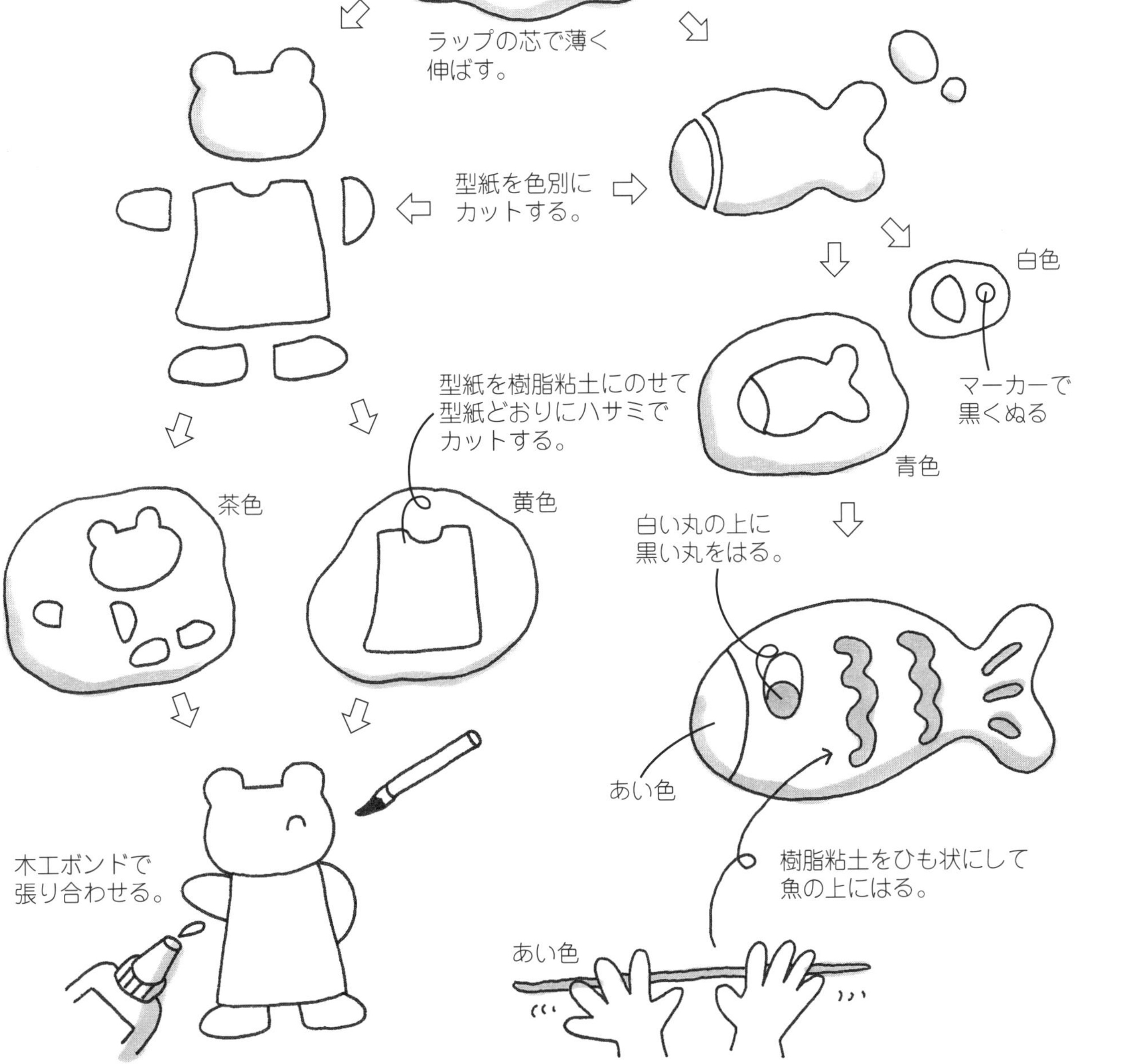

型紙を色別にカットする。
白色
マーカーで黒くぬる
型紙を樹脂粘土にのせて型紙どおりにハサミでカットする。
青色
茶色
黄色
白い丸の上に黒い丸をはる。
あい色
木工ボンドで張り合わせる。
樹脂粘土をひも状にして魚の上にはる。
あい色

※メジャーは3ページの写真のように作りましょう。

※作品は4ページに載っています。

●型紙

※拡大コピーを
してください。

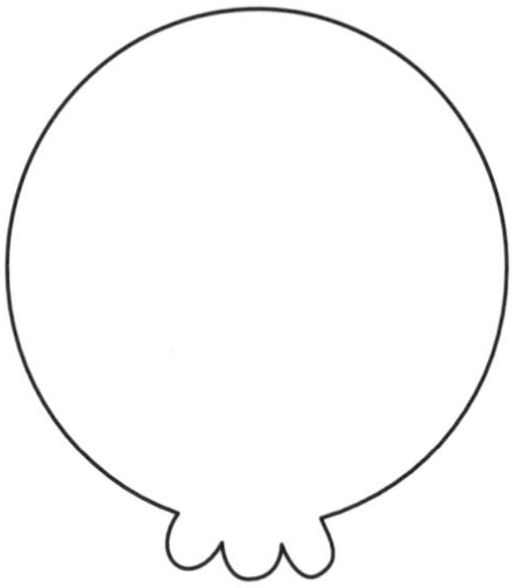

●作り方

樹脂粘土で
作ります。

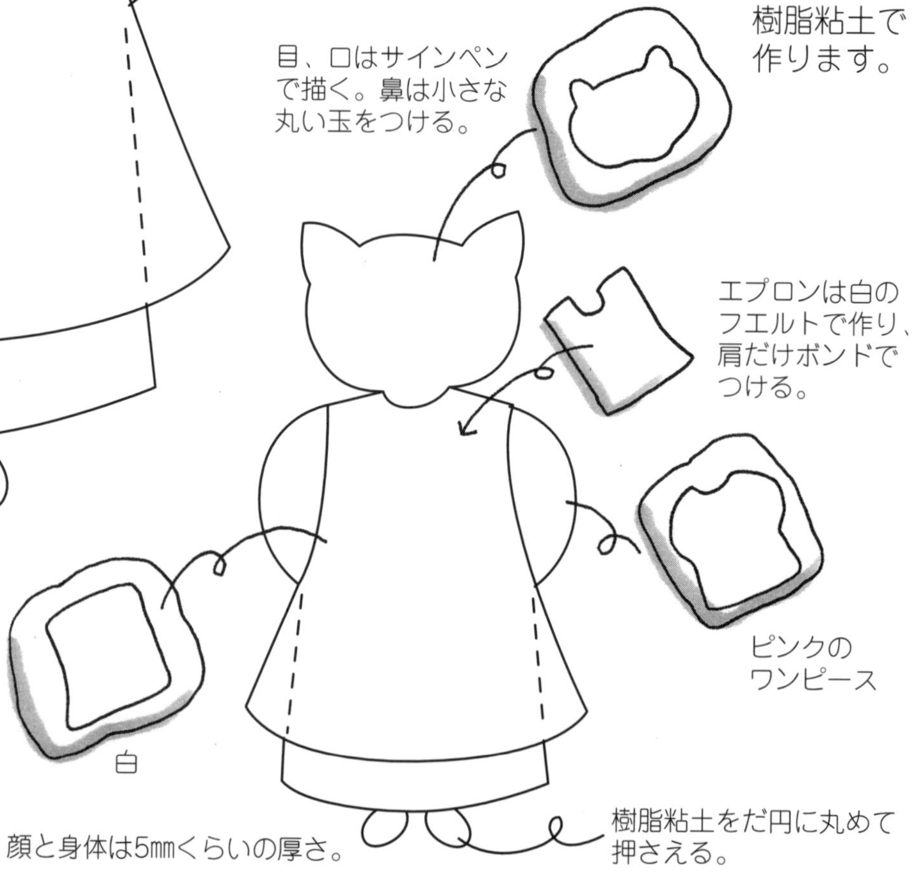
目、口はサインペンで描く。鼻は小さな丸い玉をつける。
エプロンは白のフエルトで作り、肩だけボンドでつける。
ピンクのワンピース
白
樹脂粘土をだ円に丸めて押さえる。
顔と身体は5㎜くらいの厚さ。

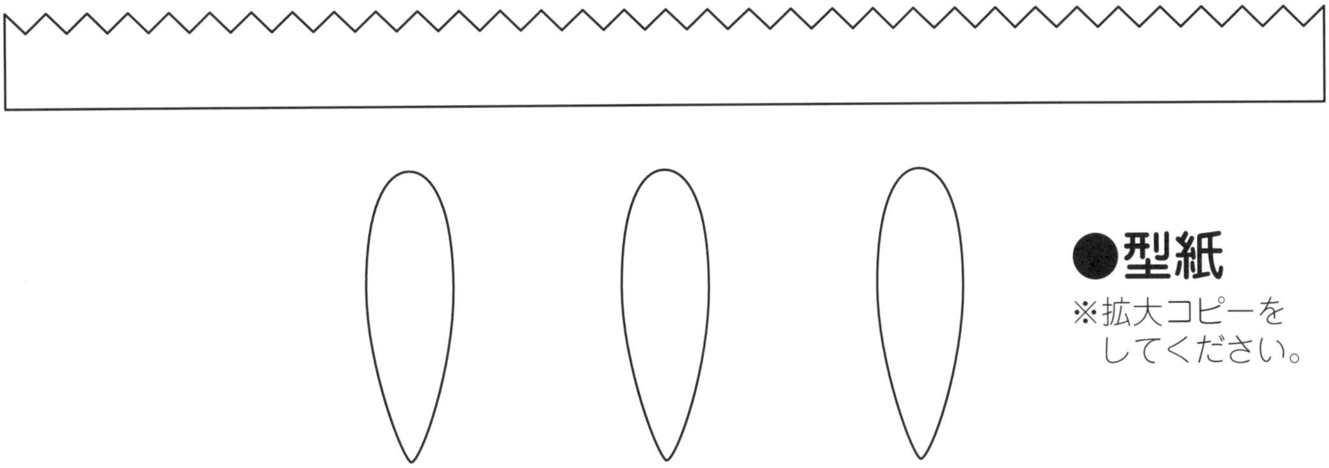

●型紙

※拡大コピーをしてください。

カーネーション

リボン状に伸ばした樹脂粘土の一辺をピンキングバサミで切る。

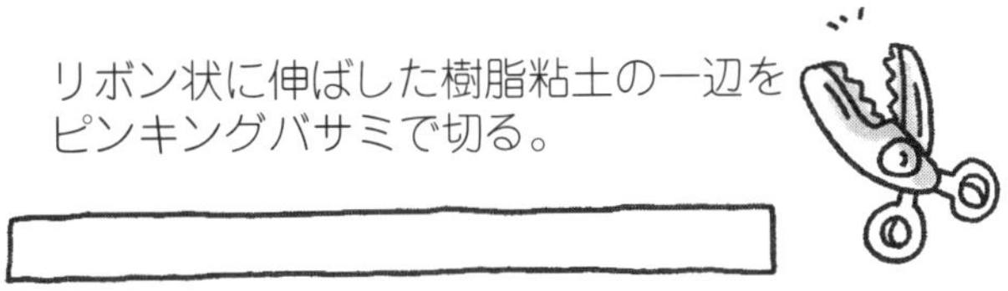

ギザギザを下にして片方から巻いていく。

下のほうを指で押さえて型を整える。

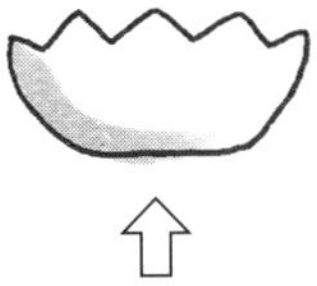

葉をボンドではる。

●葉の作り方

しずく型に丸めた樹脂粘土

指で押さえて広げる。

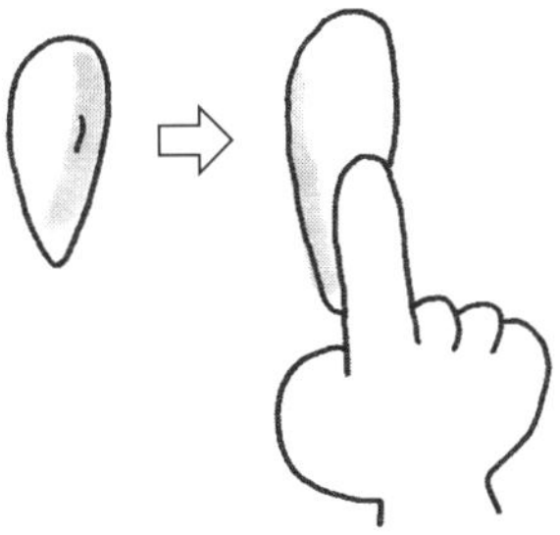

裏は平らにハサミでカットして、安全ピンにリボンをつけ、ボンドではってとめる。

春の誕生表

※作品は5ページに載っています。

小鳥の誕生表

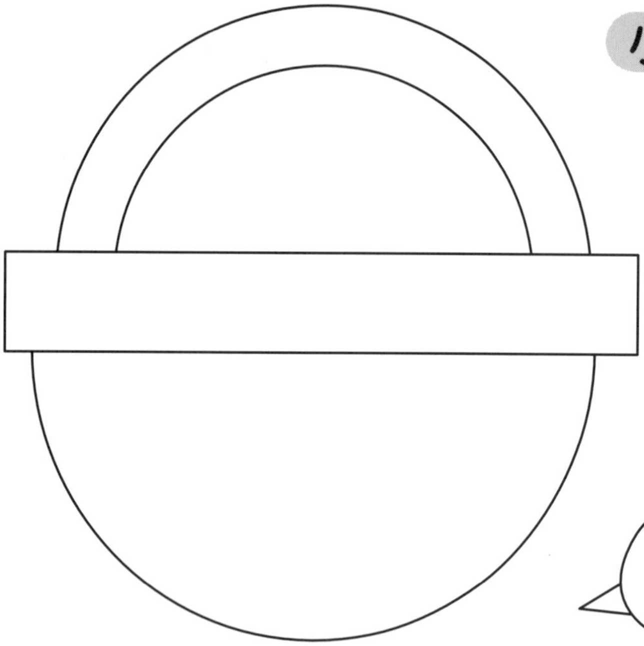

●型紙

型紙を拡大コピーして色画用紙に写し取り、切り抜きます。

雲を作ってはりつけてもいいでーす!!

色画用紙に型紙を写して切り抜く。

まっだ
あんな

名前を書く。

ピンキング
バサミで切り落とす。

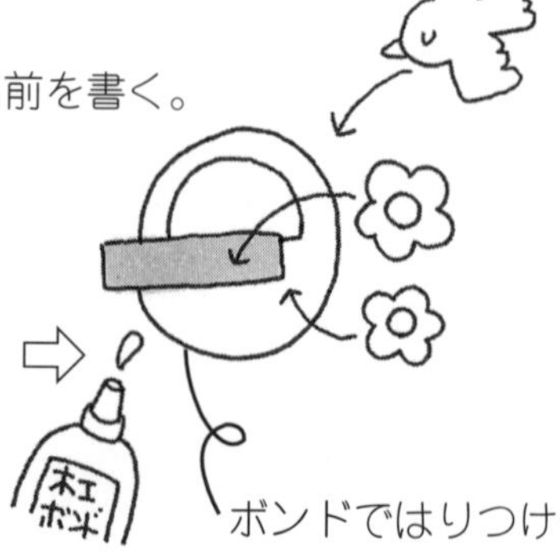

ボンドではりつける。

花の誕生表

●作り方

樹脂粘土で作ります。

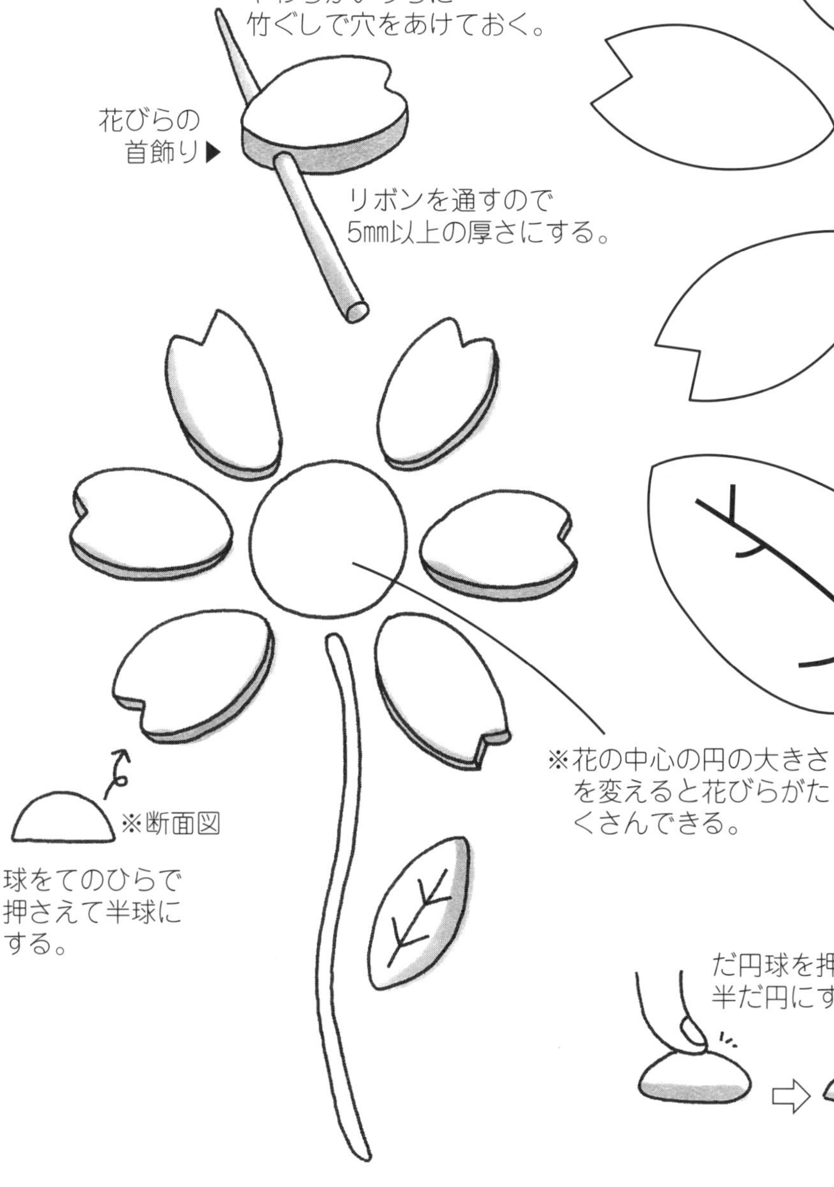

やわらかいうちに
竹ぐしで穴をあけておく。
花びらの
首飾り▶
リボンを通すので
5㎜以上の厚さにする。
※断面図
球をてのひらで
押さえて半球に
する。
※花の中心の円の大きさ
を変えると花びらがた
くさんできる。

●型紙

※拡大コピーをしてください。

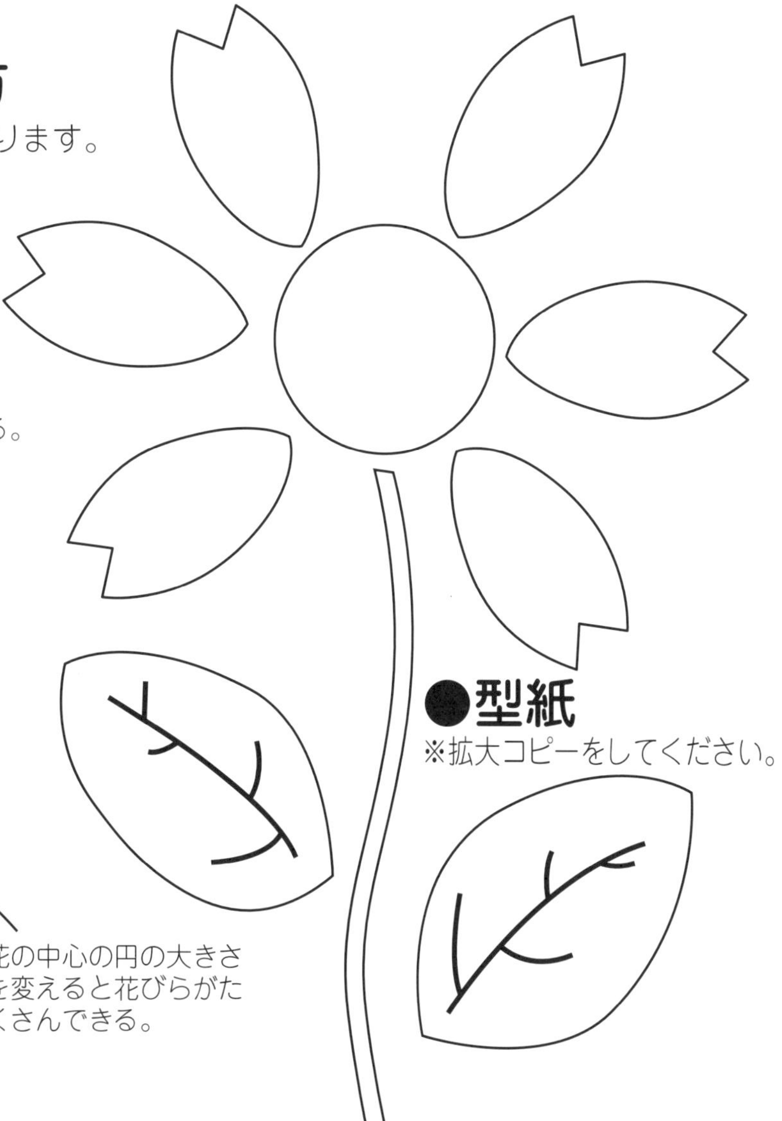

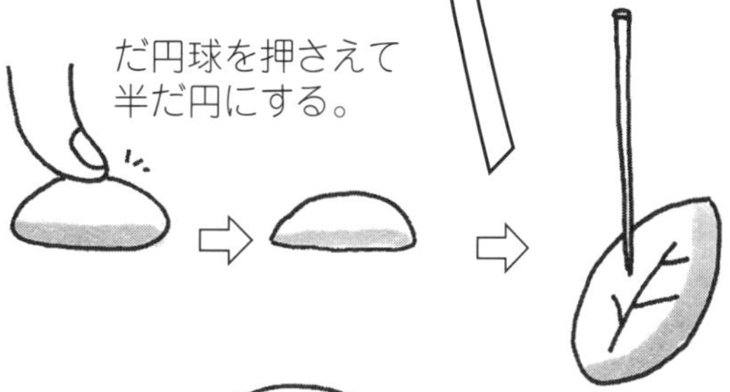

だ円球を押さえて
半だ円にする。
竹ぐしで
葉脈をつ
ける。

注意！　製作物を
口に入れたり、食
べたりしないよう
に十分に注意して
ください。

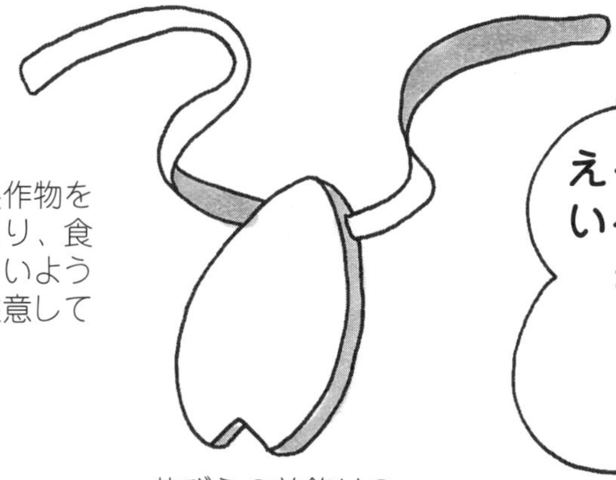

花びらの首飾りの
出来上がり!

リボンの長さを変
えると首飾りや名札にと、
いろいろ使え
ます。

※作品は6ページに載っています。

●型紙

型紙を拡大コピーして色画用紙に写し取り、切り抜きます。

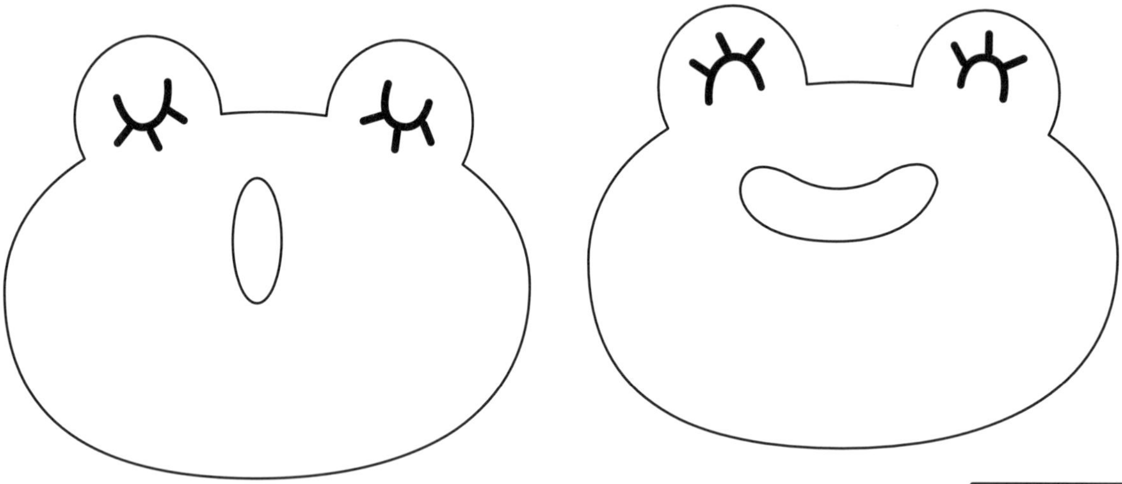

●作り方

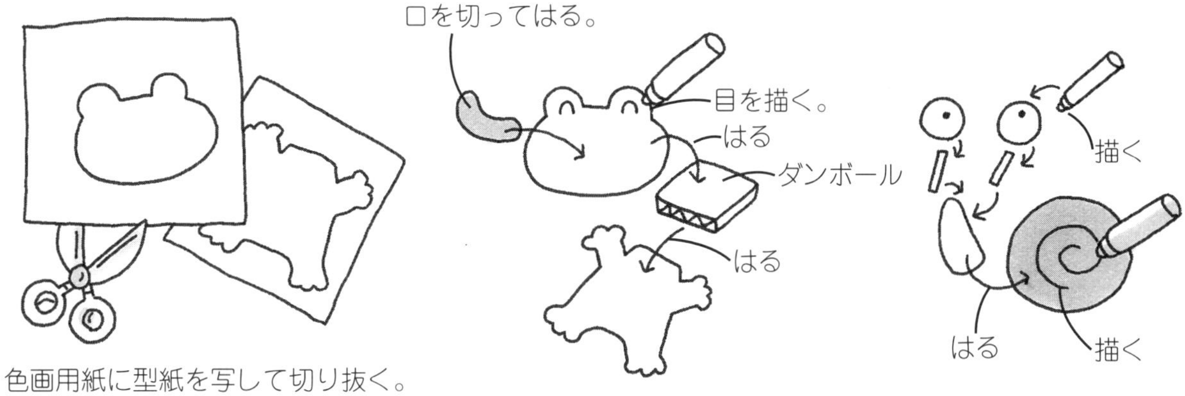

口を切ってはる。
目を描く。
はる
ダンボール
はる
描く
はる
描く

色画用紙に型紙を写して切り抜く。

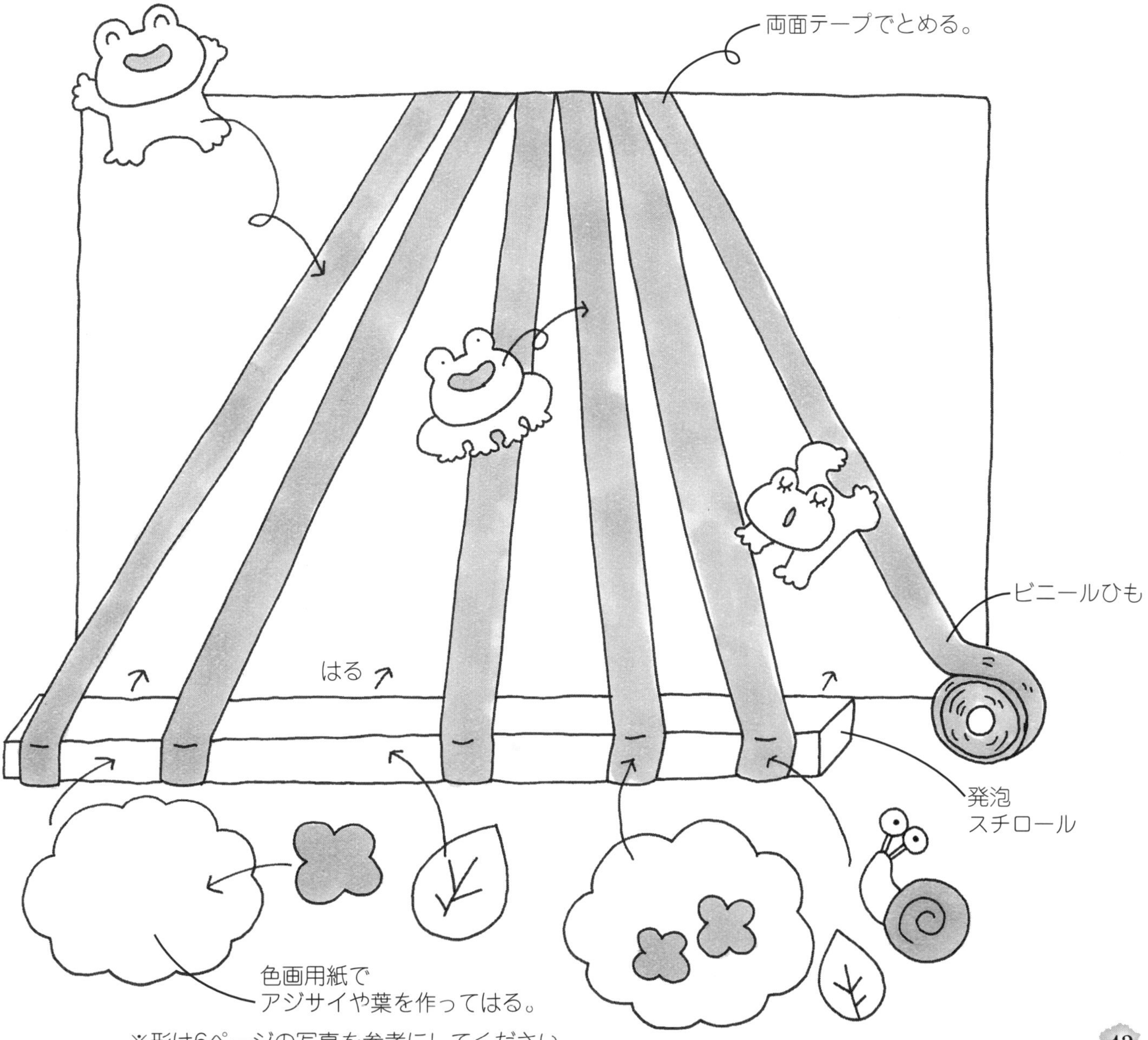

両面テープでとめる。
はる
ビニールひも
発泡
スチロール
色画用紙で
アジサイや葉を作ってはる。

※形は6ページの写真を参考にしてください。

父の日

※作品は7ページに載っています。

●型紙

●作り方

樹脂粘土で作ります。

たくさん作る
ときは厚紙で型
をとってね。

茶色の絵の具
黄色の絵の具
たくさん作るときは
厚紙で型を作る。

樹脂粘土が、やわらかいうちに竹ぐしで型にそってカットしていくと、たくさんのクマさんが一度に、出来る。

ボンドではる
樹脂粘土がやわらかいうちに
ゼムピンを差し込む。

お父さんを思って
………。
メッセージは
絵でもいいね。

樹脂粘土は、とても軽くて扱いやすい製作素材です。手芸店や画材店などで手に入ります。入手しにくい場合は、96ページをご参照ください。樹脂粘土の基本作業は、33ページに載っています。

おとうさん
ありがとう
おとうさん
ありがとう
ゼムピンはカードの上に
Uの字が出来るように気
をつけて差し込む。

注意！　製作物を口に入れたり、食べたりしないように十分に注意してください。

透明な袋に
入れて、か
わいいリボ
ンでくくる
とステキ
ですよ。

※作品は8ページに載っています。

●型紙

型紙を拡大コピーして
色画用紙に写し取り、
切り抜きます。

●型紙

型紙を拡大コピーして
色画用紙に写し取り、
切り抜きます。

●作り方

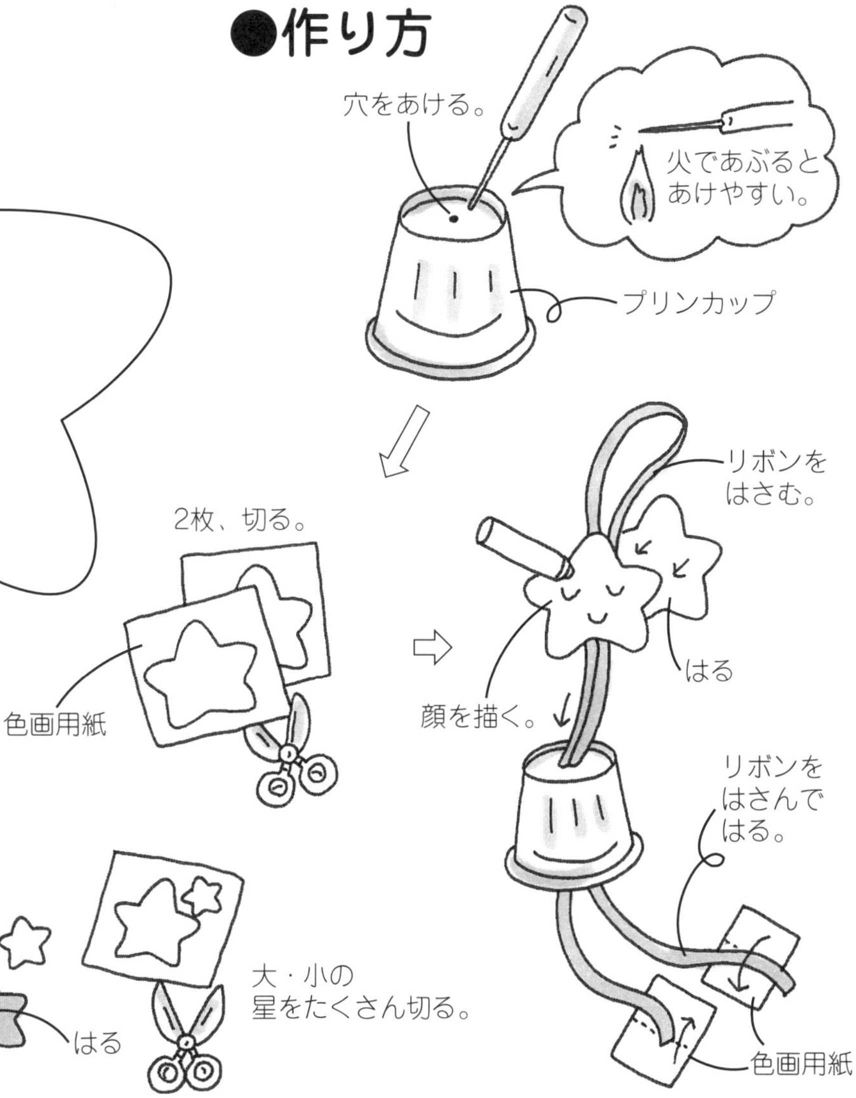

穴をあける。
火であぶるとあけやすい。
プリンカップ
2枚、切る。
色画用紙
リボンをはさむ。
顔を描く。
はる
リボンをはさんではる。
色画用紙
大・小の星をたくさん切る。

はる
シールなどではる。
はる
不織布やラッピングペーパー
はる
色画用紙

おりひめ
星の妖精は七夕の飾りにもなります。

夏だ!

※作品は9ページに載っています。

●型紙

※拡大コピーを
してください。

●作り方　ステンシルは型染めの一種です。

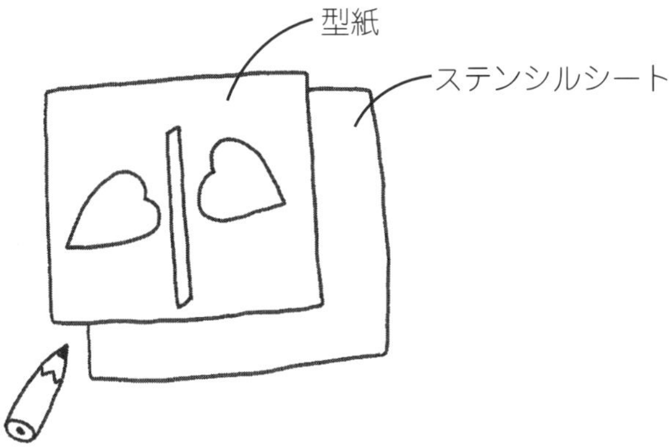
型紙
ステンシルシート

ステンシルとは、紙や金属板、皮革などを切り抜いて作る「刷り込み型」、またはそれを使って印刷する方法（とても簡単です）のことです。大量に同じものを作る場合に適しています。ステンシルの基本作業は33ページに載っています。

⇩

カッターナイフで型を切り抜く。

- アクリル絵の具を筆に少しつけて、たたくように絵の具を紙に染み込ませる。
- 花は、黄色を先にぬってオレンジをポイントにぬっていく。花の中心には、少し緑色を混ぜる。

※毛先を平らにした筆でたたくようにして色をつける。筆に水分をたくさん含ませないようにする。

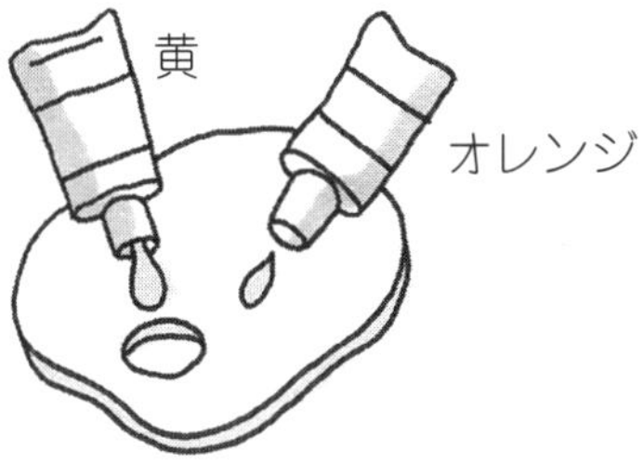
黄
オレンジ

①花の中心　②花びら　③茎　④葉の順で、ステンシルシートを動かしながら、染めていく。

アクリル絵の具は乾くと、耐水性になるので、Tシャツや窓ガラスにもステンシルすると楽しいよ！

※紙のほかに、木、ガラス、布、金属にもステンシルできます。
※素材に合わせて、絵の具を使い分けます。

海の中

※作品は10ページに載っています。

●型紙

魚以外は、
型紙を拡大コピーして
色画用紙に写し取り、
切り抜きます。

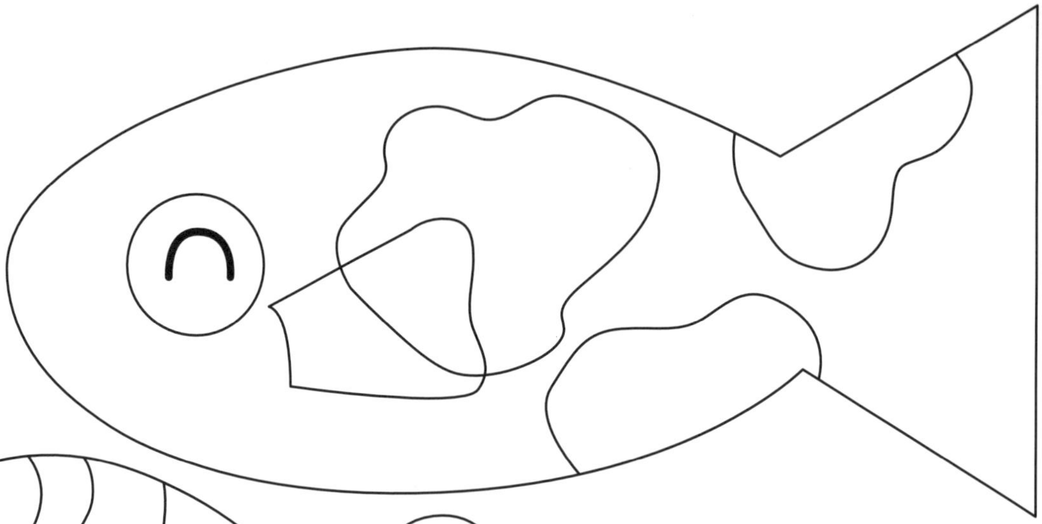

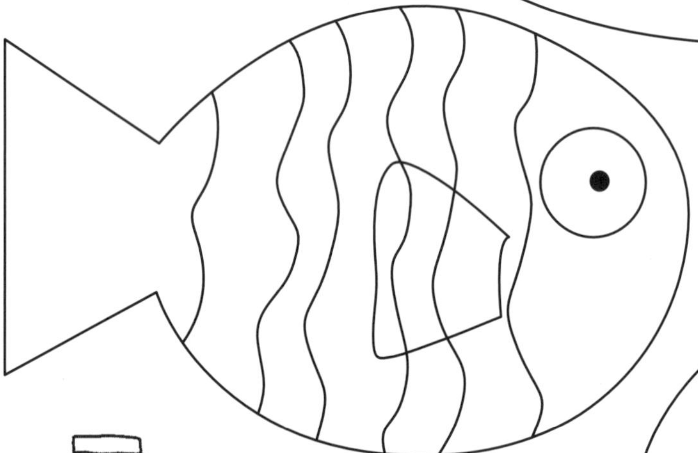

●作り方

牛乳パックを
ひらく。

⇩

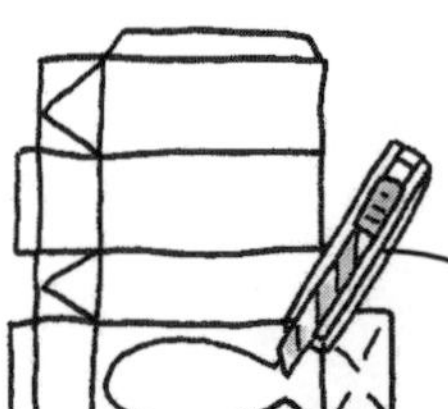

カッターナイフで
切り抜く。

⇩

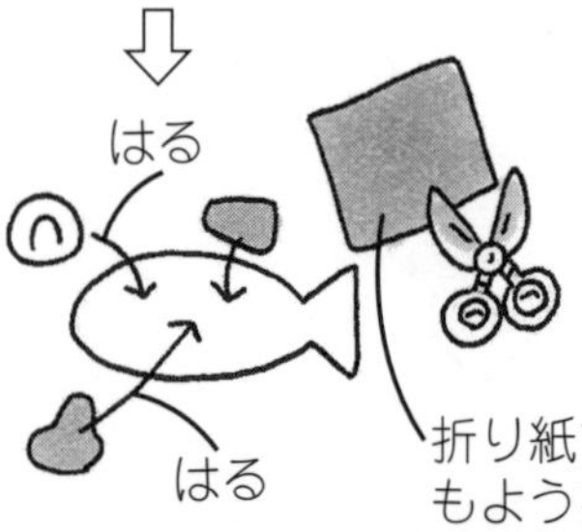

折り紙で
もようを切ってはる。

●型紙

型紙を拡大コピーして色画用紙に写し取り、切り抜きます。

※イカは原寸です。

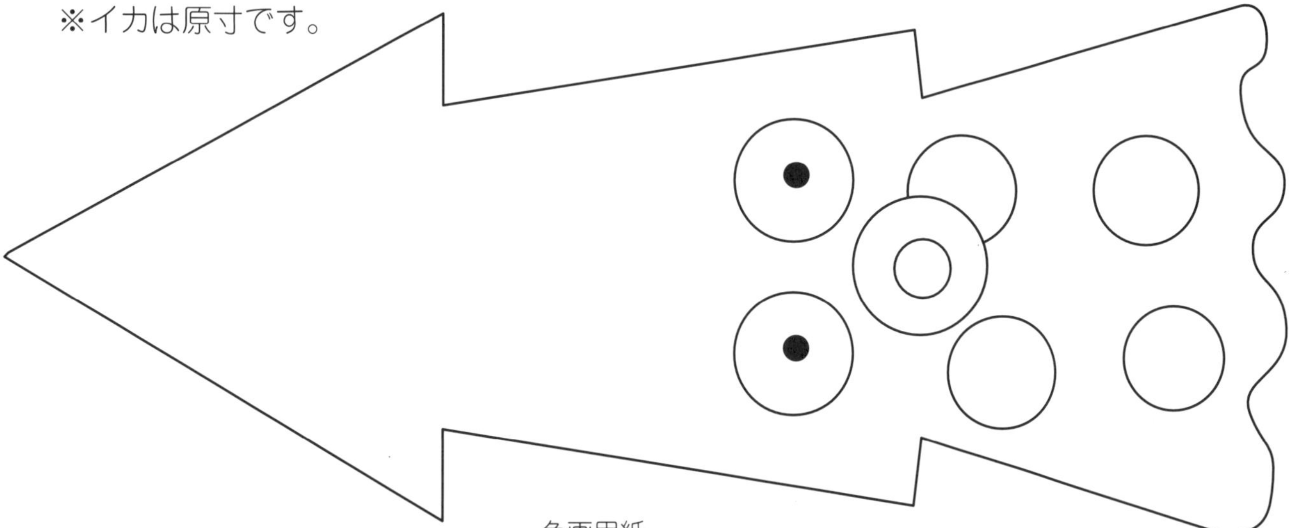

●作り方

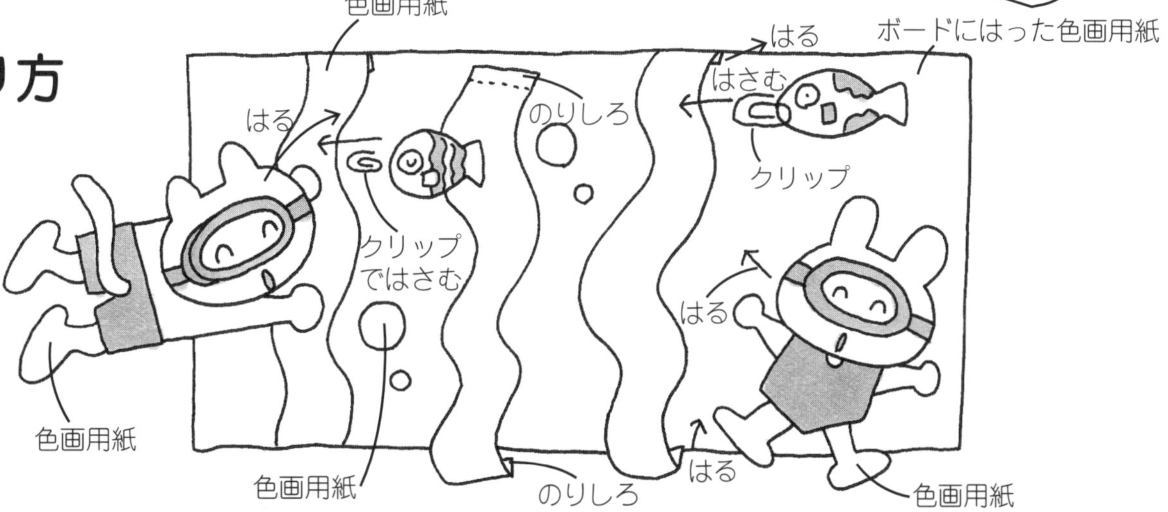
色画用紙
はる
ボードにはった色画用紙
はさむ
のりしろ
はる
クリップ
クリップではさむ
はる
色画用紙
色画用紙
のりしろ
はる
色画用紙

夏休みの生活

※作品は11ページに載っています。

●型紙

型紙を拡大コピーして色画用紙に
写し取り、切り抜きます。

●作り方

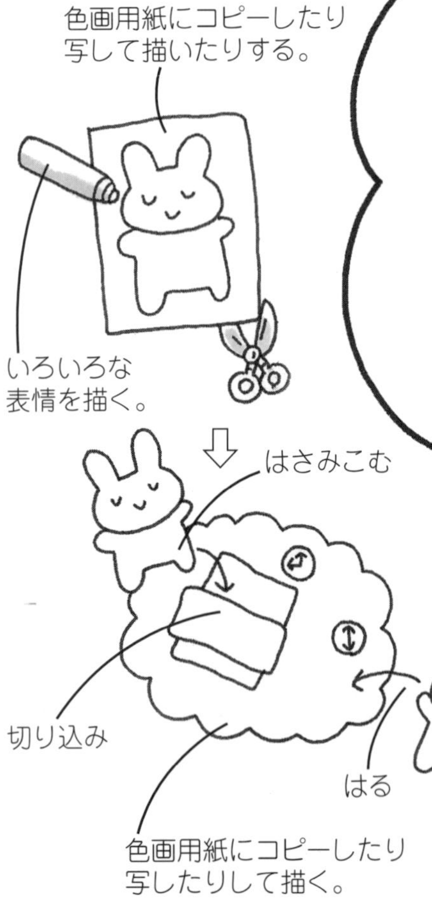
色画用紙にコピーしたり
写して描いたりする。
いろいろな
表情を描く。
はさみこむ
切り込み
はる
色画用紙にコピーしたり
写したりして描く。

●型紙

型紙を拡大コピーして
色画用紙に写し取り、
切り抜きます。

夏の誕生表

※作品は12ページに載っています。

セミの誕生表

●型紙

※拡大コピーを
してください。

●作り方

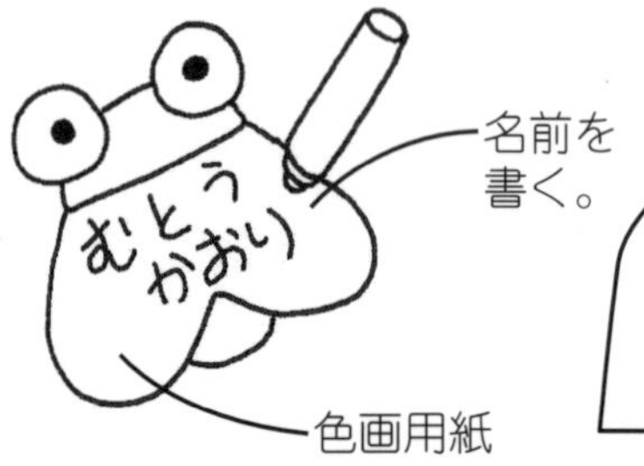

お誕生会のとき、
裏に安全ピンを
ボンドでつけて
ワッペンにしよう!!
※39ページ参照。

ヨーヨーと金魚袋の誕生表

樹脂粘土で作ります。

●型紙

※拡大コピーを
してください。

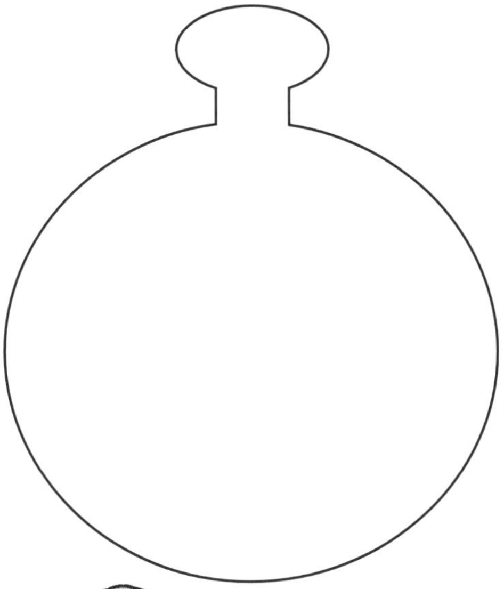

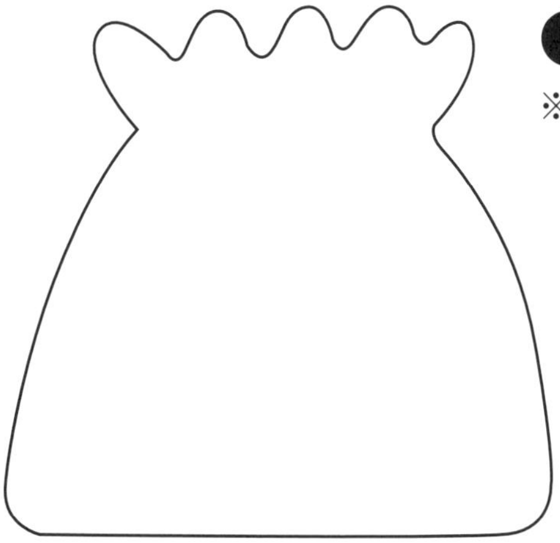

注意！　製作物を口に入れたり、食べたりしないように
十分に注意してください。

●作り方

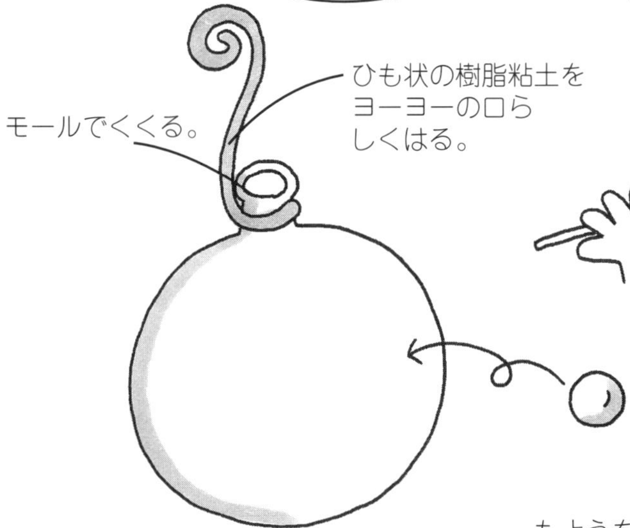
ひも状の樹脂粘土を
ヨーヨーの口らしくはる。
モールでくくる。

もようをいろいろな色や形で作り、
ボンドではる（色のつけ方は下と同じ）。

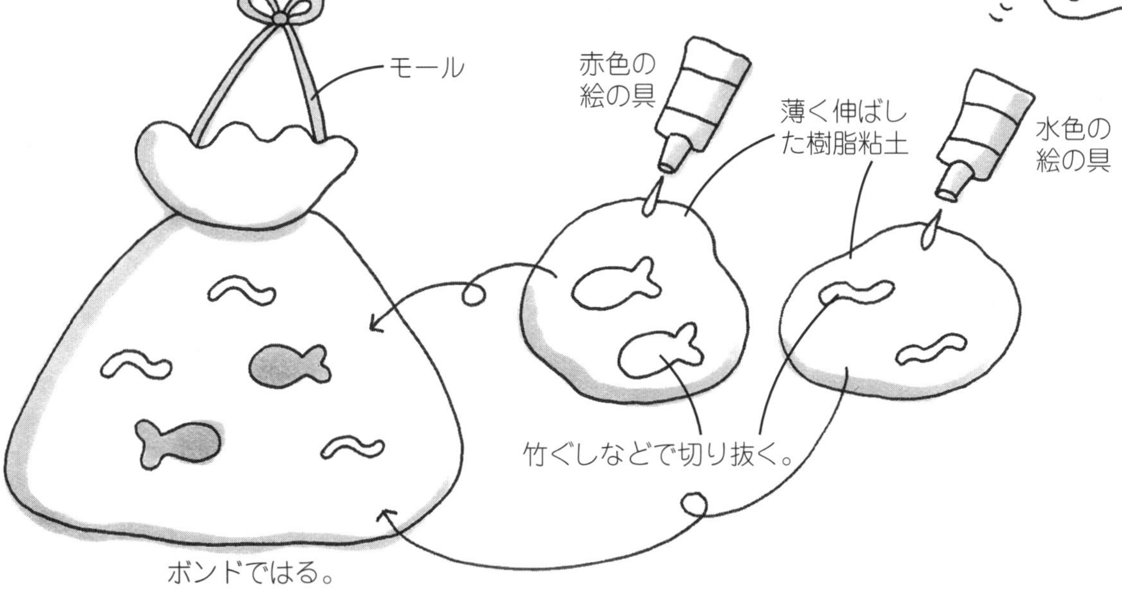
モール
赤色の
絵の具
薄く伸ばし
た樹脂粘土
水色の
絵の具
竹ぐしなどで切り抜く。
ボンドではる。

廊下・階段の壁面構成（春・夏）

※作品は13ページに載っています。

●型紙

型紙を拡大コピーして色画用紙に写し取り、切り抜きます。

ドライブ

●作り方

樹脂粘土で作ります。

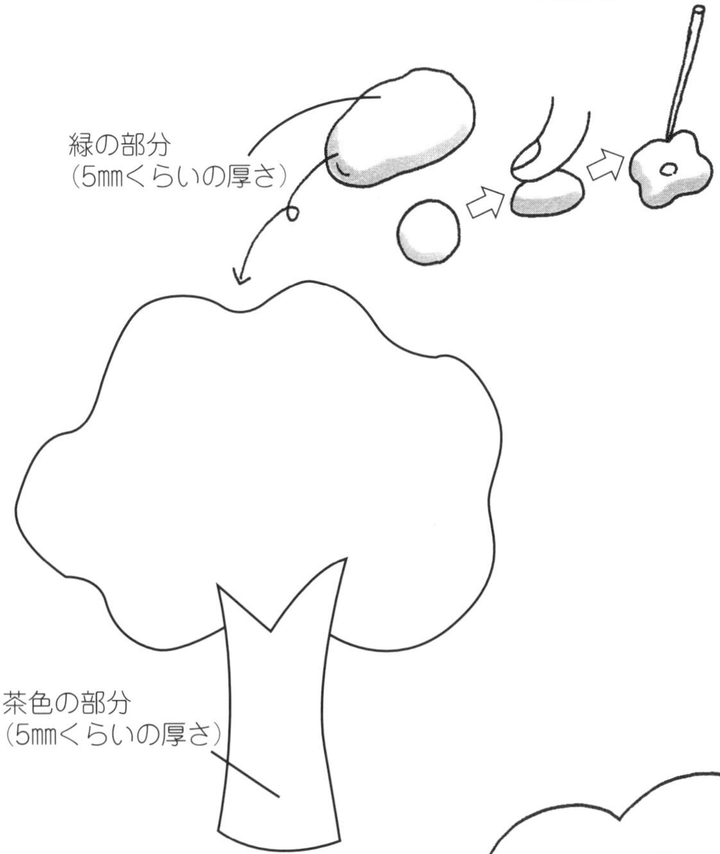

丸い玉を作って、指でつぶして
竹ぐしで切れ目を入れる。
緑の部分
（5㎜くらいの厚さ）
茶色の部分
（5㎜くらいの厚さ）

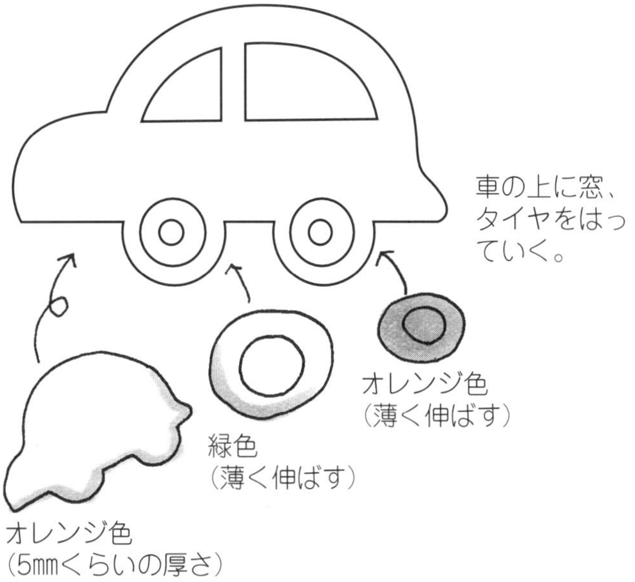

車の上に窓、
タイヤをはっ
ていく。
オレンジ色
（薄く伸ばす）
緑色
（薄く伸ばす）
オレンジ色
（5㎜くらいの厚さ）

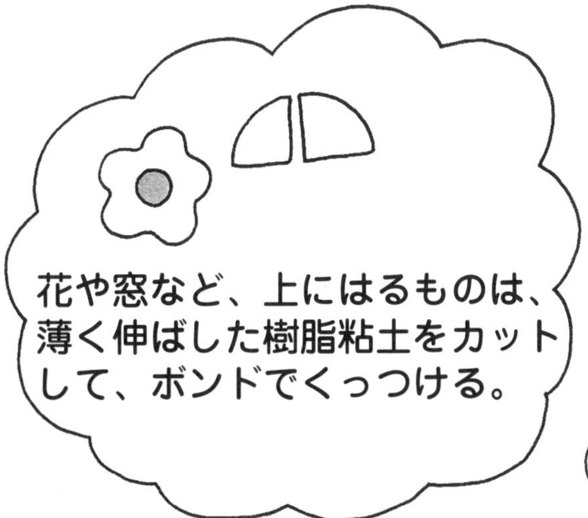

花や窓など、上にはるものは、
薄く伸ばした樹脂粘土をカット
して、ボンドでくっつける。

●型紙

※拡大コピーをしてください。

木、車、草は5㎜くらいの厚さにカットする。

このように構成しましょう。（イラストは見本で、作品にはありません）

のれん（春・夏）

※作品は14ページに載っています。

樹脂粘土は、とても軽くて扱いやすい製作素材です。手芸店や画材店などで手に入ります。入手しにくい場合は、96ページをご参照ください。樹脂粘土の基本作業は、33ページに載っています。

●型紙

※拡大コピーをしてください。

●作り方

樹脂粘土で作ります。

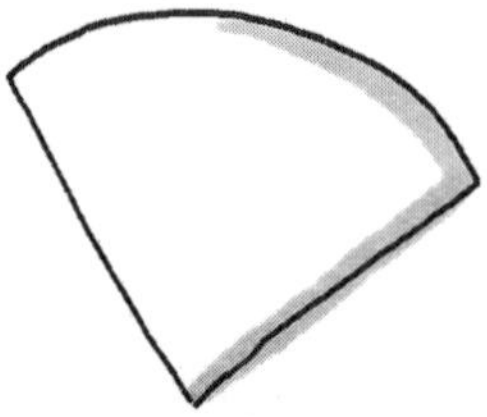

薄く伸ばした樹脂粘土で扇形を作る。

巻くようにしてコーン型にする。

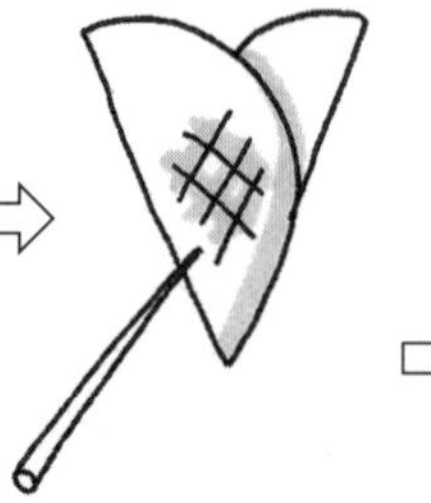

竹ぐしで線を入れる。

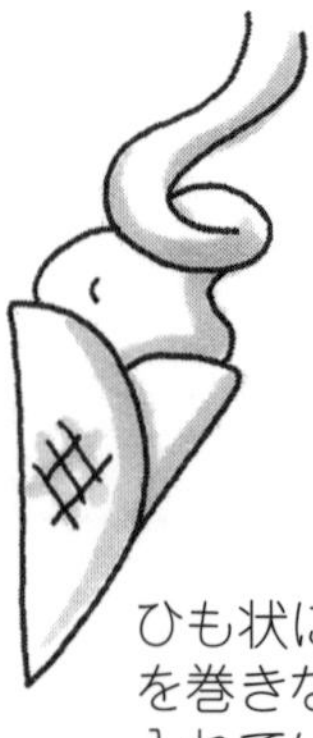

ひも状にした樹脂粘土を巻きながらコーンに入れていく。

竹ぐしで穴をあける。

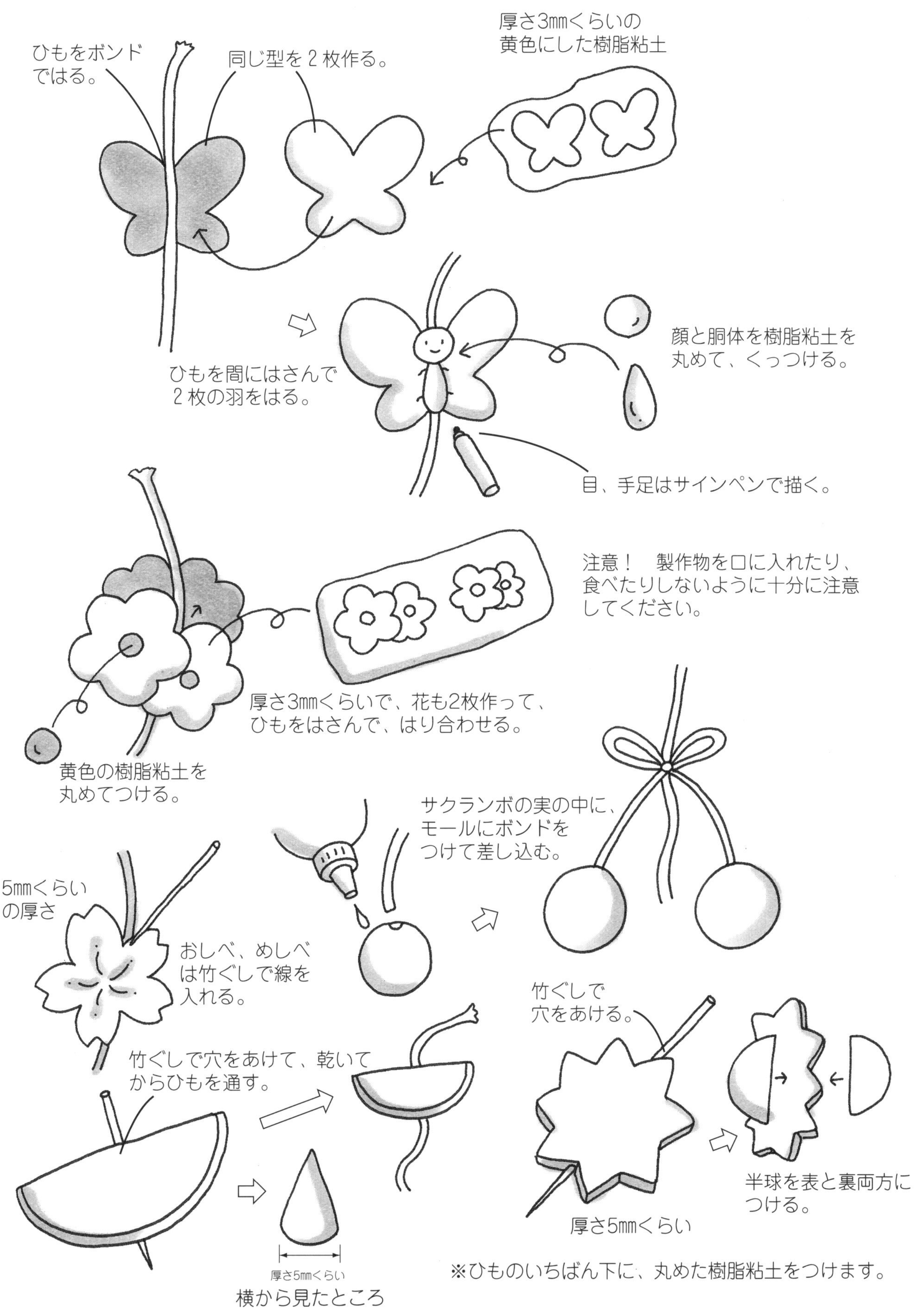
厚さ3㎜くらいの
黄色にした樹脂粘土
ひもをボンド
ではる。
同じ型を２枚作る。
ひもを間にはさんで
２枚の羽をはる。
顔と胴体を樹脂粘土を
丸めて、くっつける。
目、手足はサインペンで描く。
注意！　製作物を口に入れたり、
食べたりしないように十分に注意
してください。
厚さ3㎜くらいで、花も2枚作って、
ひもをはさんで、はり合わせる。
黄色の樹脂粘土を
丸めてつける。
サクランボの実の中に、
モールにボンドを
つけて差し込む。
5㎜くらい
の厚さ
おしべ、めしべ
は竹ぐしで線を
入れる。
竹ぐしで
穴をあける。
竹ぐしで穴をあけて、乾いて
からひもを通す。
半球を表と裏両方に
つける。
厚さ5㎜くらい
厚さ5㎜くらい
横から見たところ
※ひものいちばん下に、丸めた樹脂粘土をつけます。

※作品は15ページに載っています。

●型紙

型紙を拡大コピーして
色画用紙に写し取り、
切り抜きます。

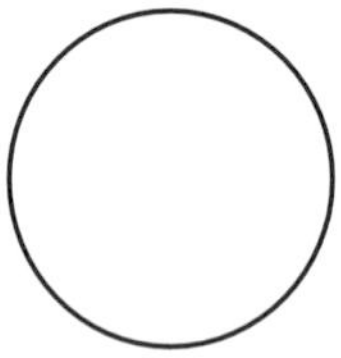

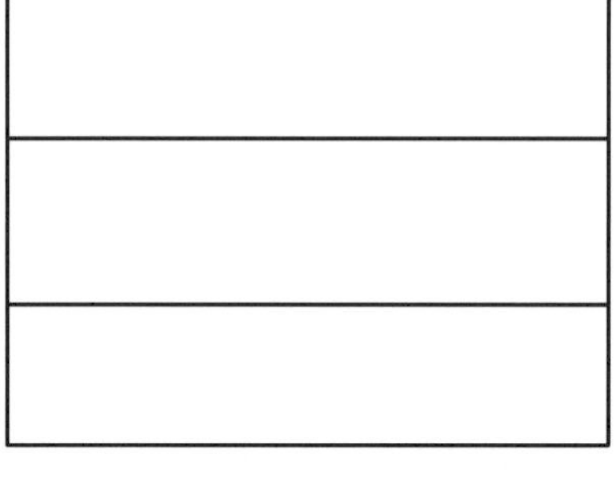

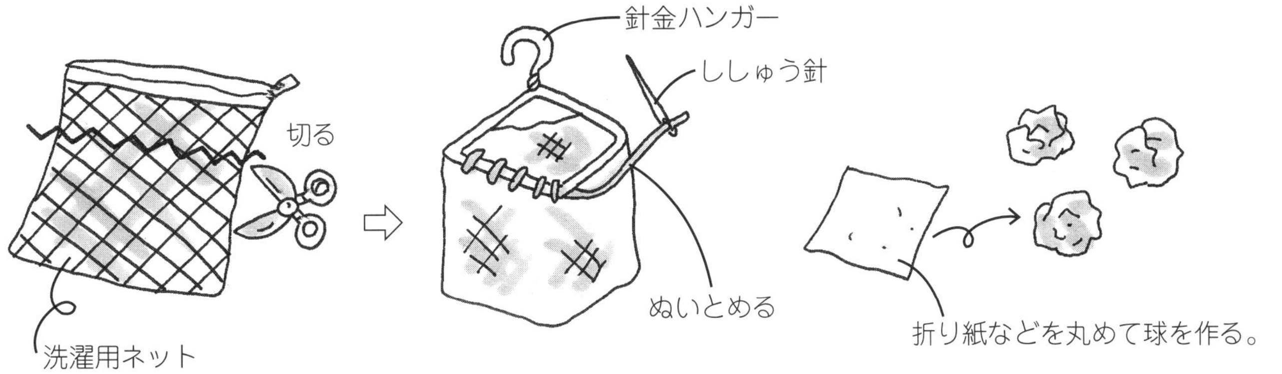
切る
洗濯用ネット
針金ハンガー
ししゅう針
ぬいとめる
折り紙などを丸めて球を作る。

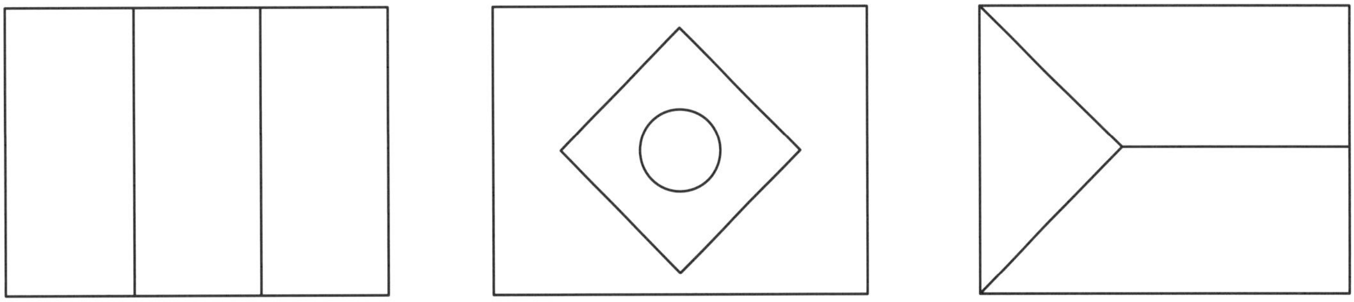

●型紙

型紙を拡大コピーして
色画用紙に写し取り、
切り抜きます。

お月見

※作品は16ページに載っています。

樹脂粘土は、とても軽くて扱いやすい製作素材です。手芸店や画材店などで手に入ります。入手しにくい場合は、96ページをご参照ください。樹脂粘土の基本作業は、33ページに載っています。

●型紙

※拡大コピーをしてください。

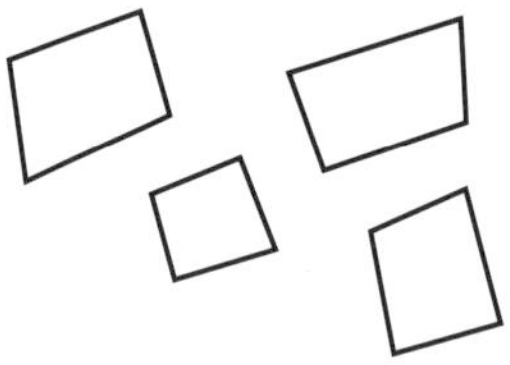

注意！　製作物を口に入れたり、食べたりしないように十分に注意してください。

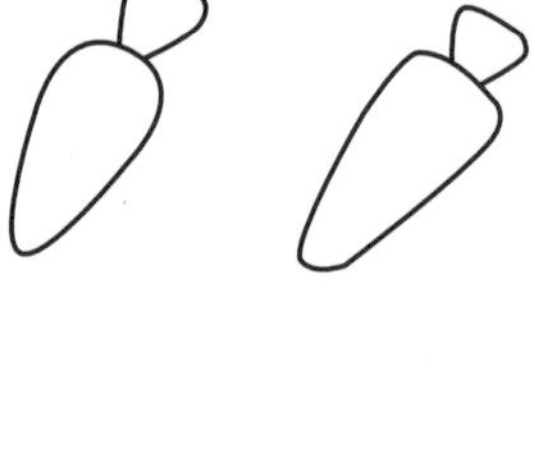

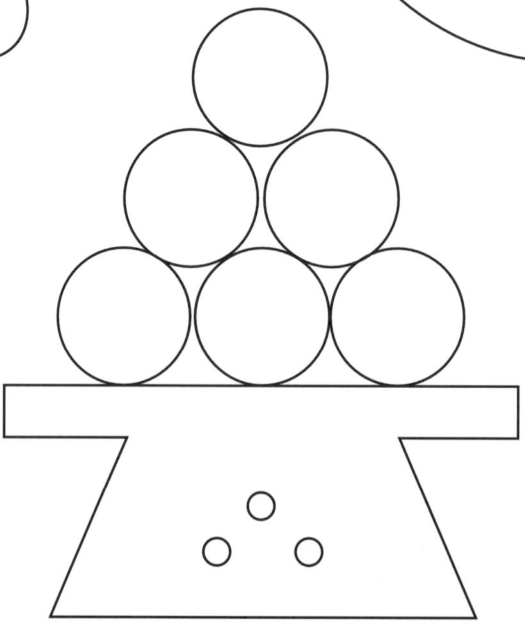

●作り方

樹脂粘土で作ります。

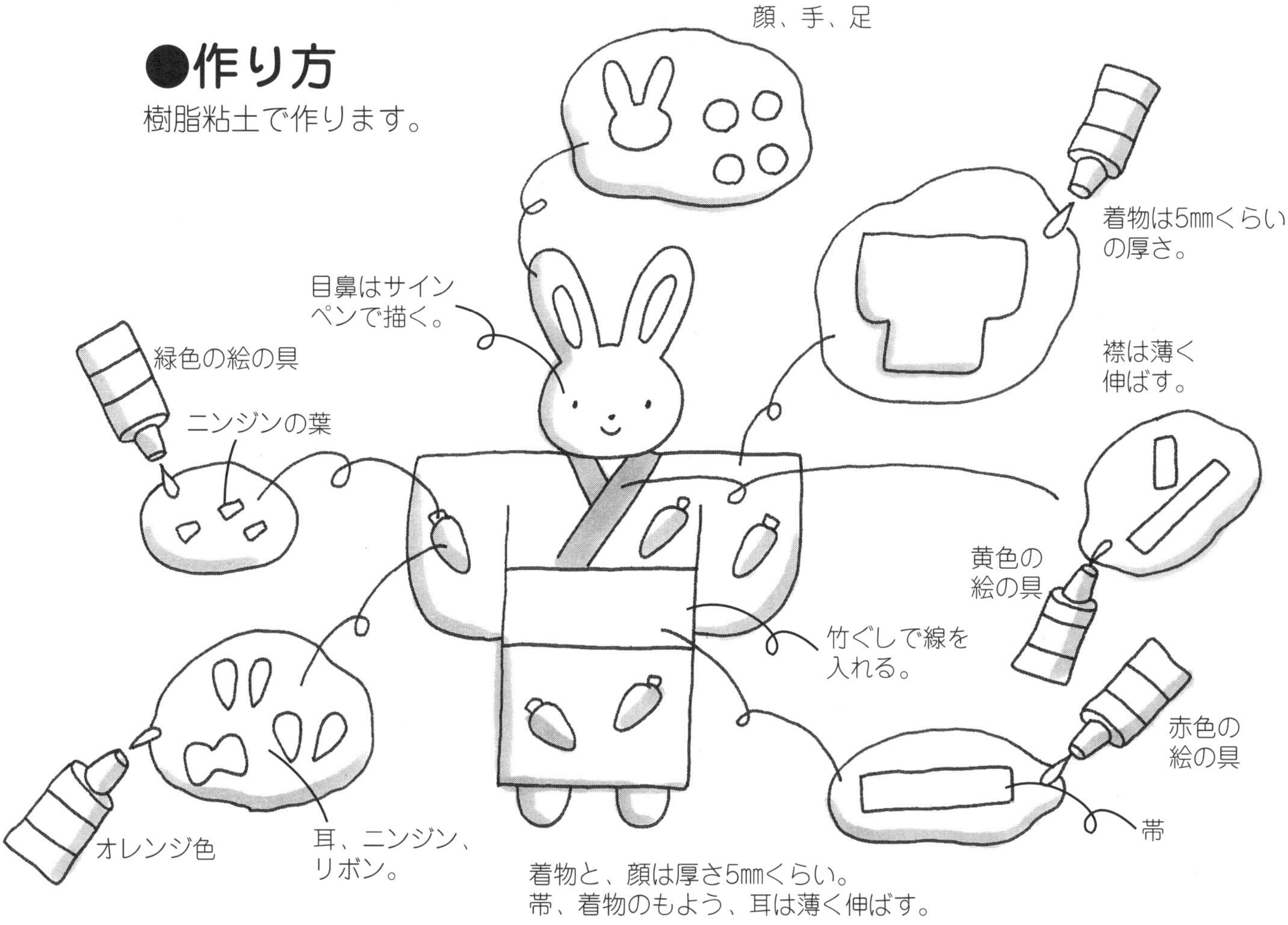
顔、手、足
着物は5mmくらいの厚さ。
目鼻はサインペンで描く。
緑色の絵の具
ニンジンの葉
襟は薄く伸ばす。
黄色の絵の具
竹ぐしで線を入れる。
赤色の絵の具
帯
オレンジ色
耳、ニンジン、リボン。
着物と、顔は厚さ5mmくらい。
帯、着物のもよう、耳は薄く伸ばす。

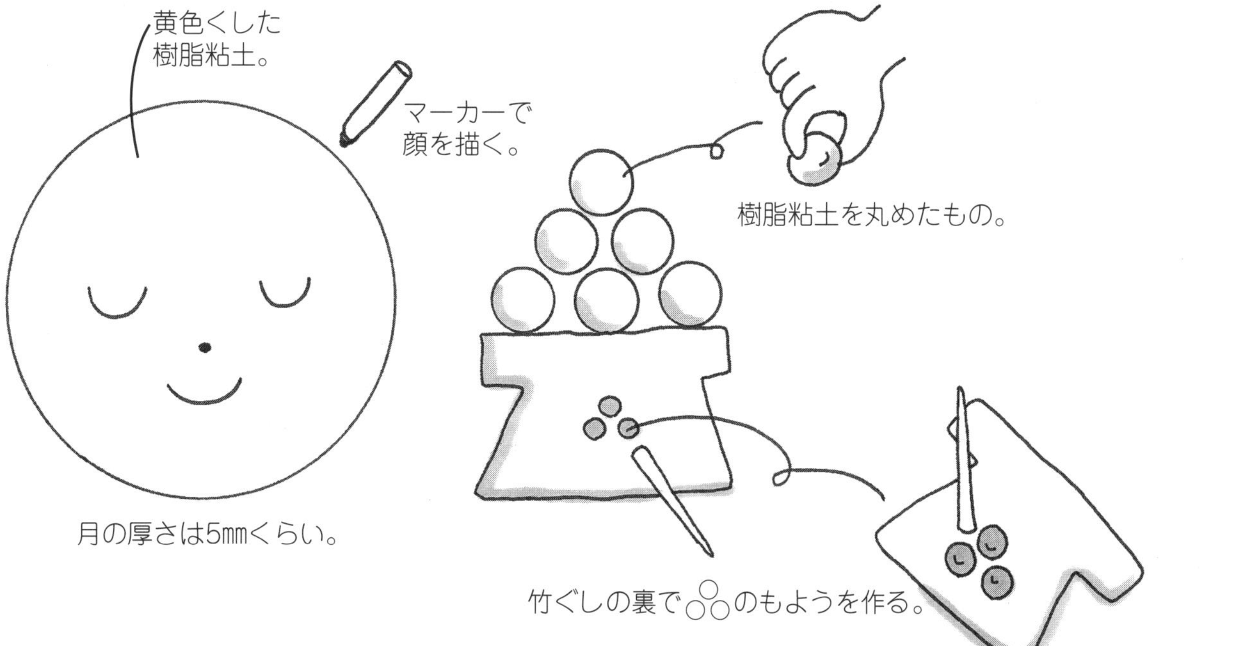
黄色くした樹脂粘土。
マーカーで顔を描く。
樹脂粘土を丸めたもの。
月の厚さは5mmくらい。
竹ぐしの裏で○○○のもようを作る。

※右側のウサギは、同じ要領で、16ページの写真を見て
作ってください。ただし、写真と同じ色にする必要はありません。

実りの秋

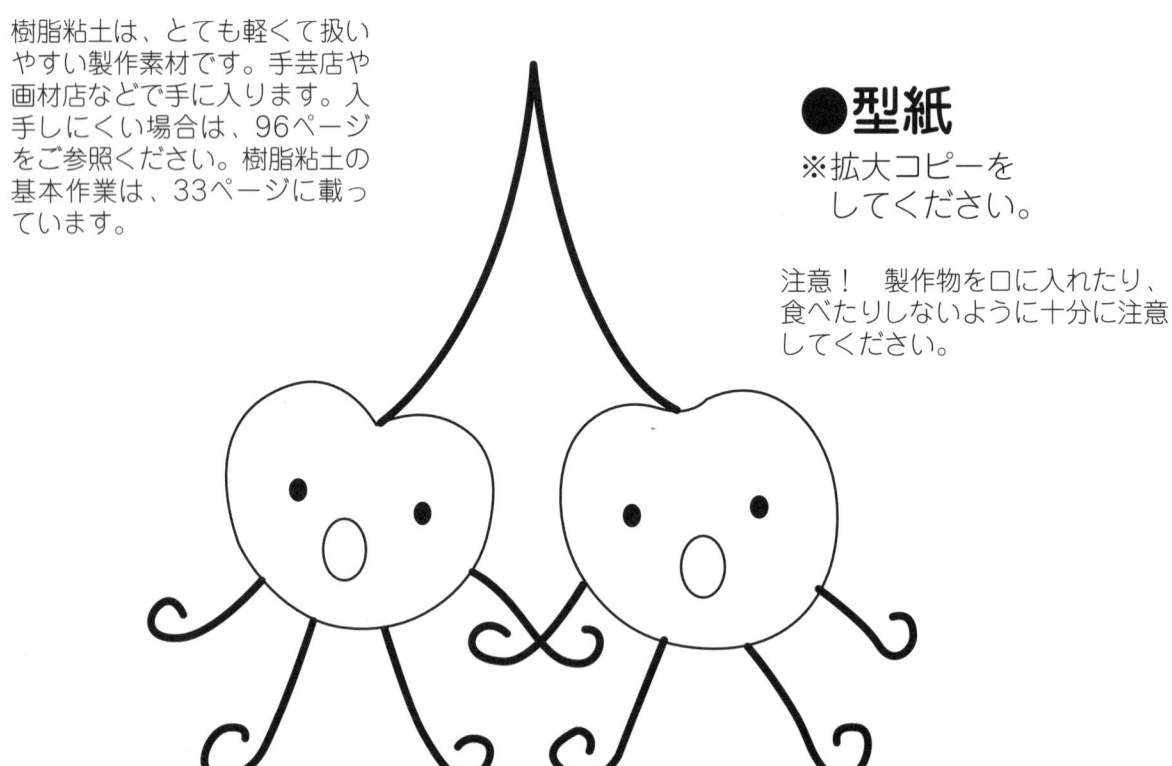

※作品は17ページに載っています。

樹脂粘土は、とても軽くて扱いやすい製作素材です。手芸店や画材店などで手に入ります。入手しにくい場合は、96ページをご参照ください。樹脂粘土の基本作業は、33ページに載っています。

●型紙

※拡大コピーをしてください。

注意！　製作物を口に入れたり、食べたりしないように十分に注意してください。

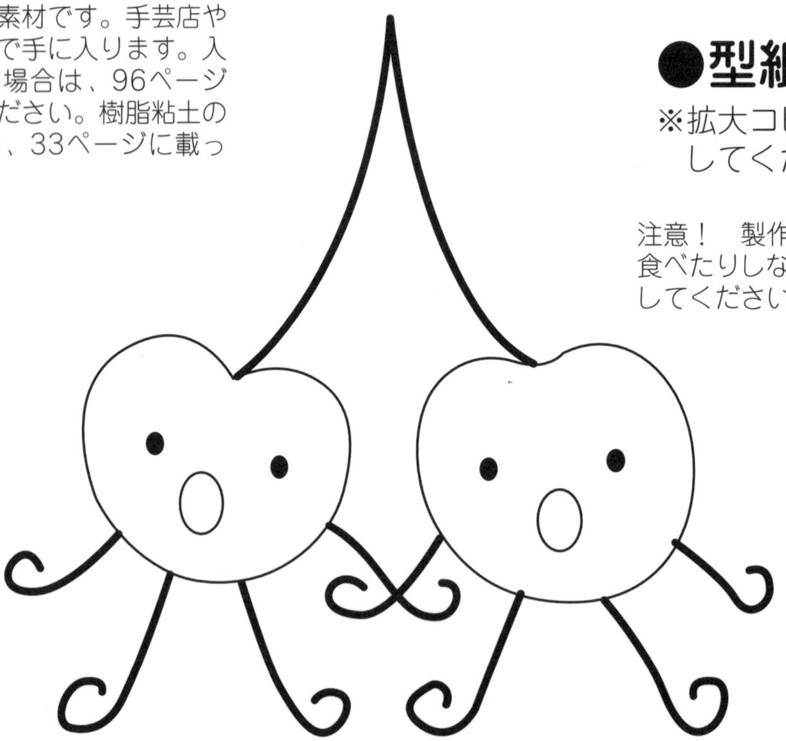

●作り方

樹脂粘土で作ります。

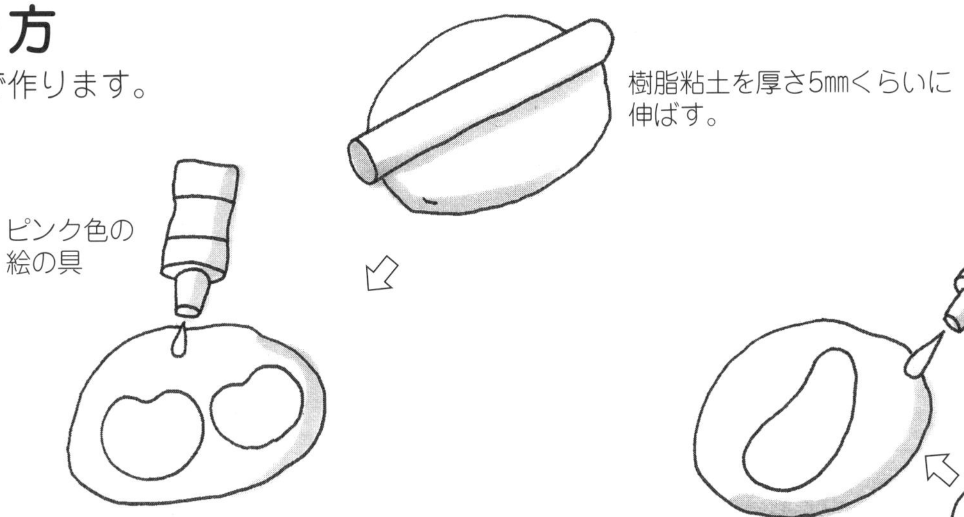
樹脂粘土を厚さ5㎜くらいに伸ばす。
ピンク色の絵の具

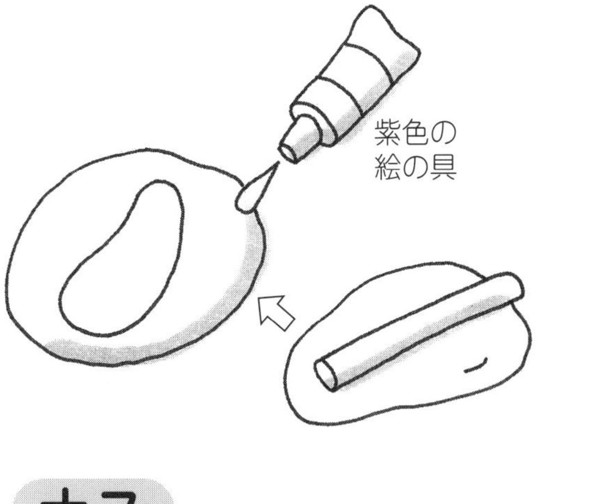
紫色の絵の具

さくらんぼ

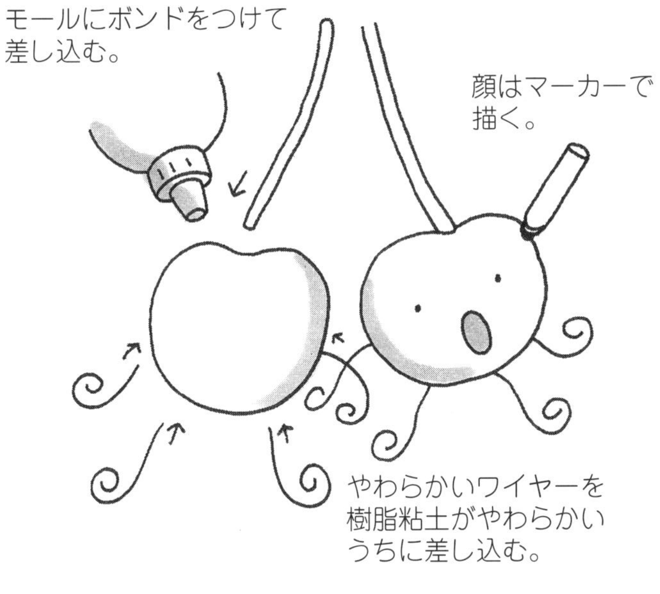
モールにボンドをつけて差し込む。
顔はマーカーで描く。
やわらかいワイヤーを樹脂粘土がやわらかいうちに差し込む。

ナス

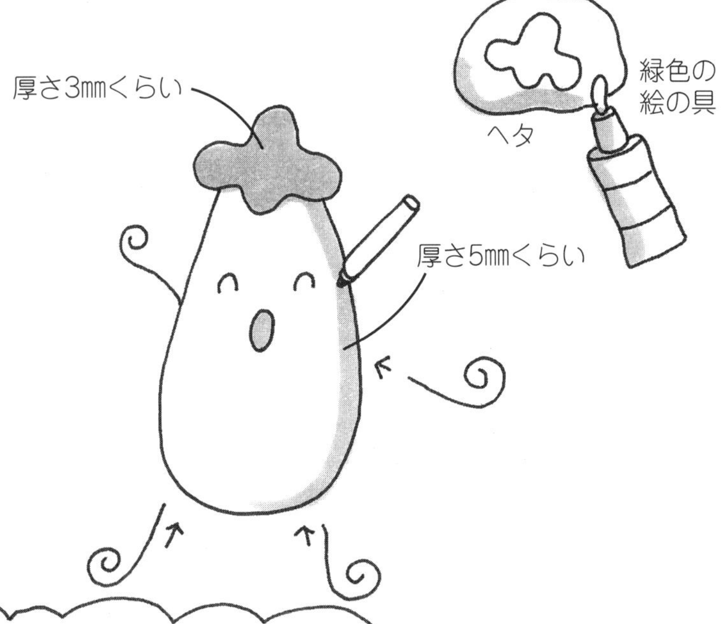
厚さ3㎜くらい
ヘタ
緑色の絵の具
厚さ5㎜くらい

●ワイヤーの曲げ方で、表情を出す。
●指先で自由に曲げることのできるワイヤーを使う。

秋の誕生表

※作品は18ページに載っています。

●作り方

キノコの誕生表

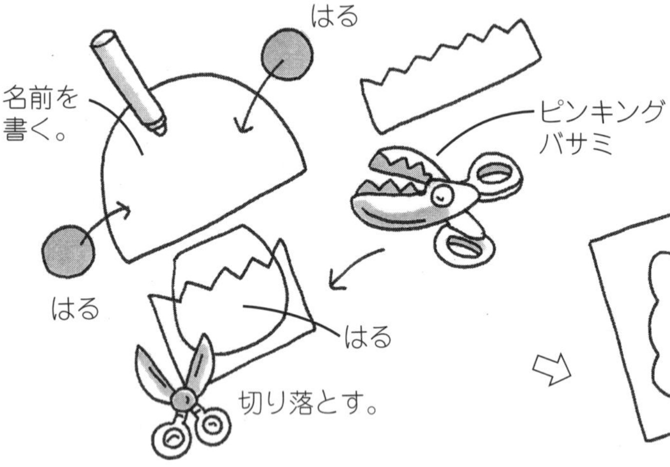
はる
名前を書く。
ピンキングバサミ
はる
はる
切り落とす。

型紙を写して切り取る。
顔やもようを描く。

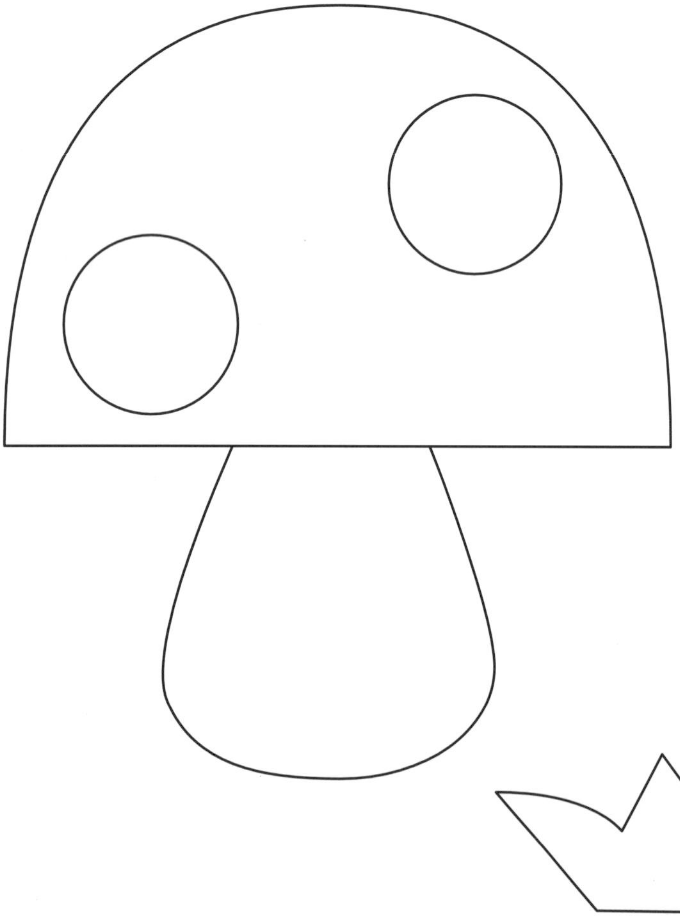

●型紙

型紙を拡大コピーして色画用紙に写し取り、切り抜きます。

ブドウの誕生表

樹脂粘土を使います。

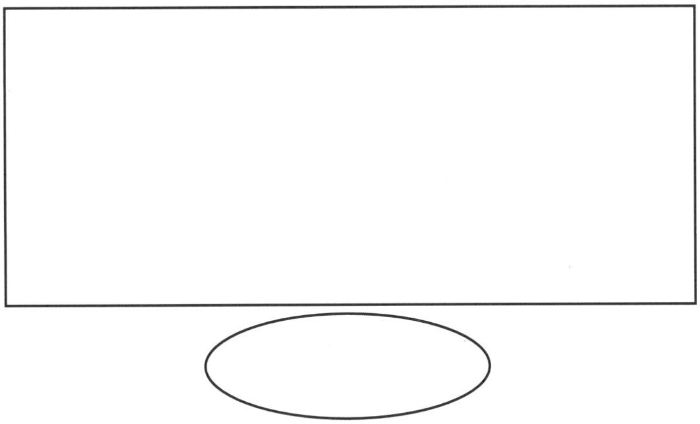

●型紙

※拡大コピーをしてください。

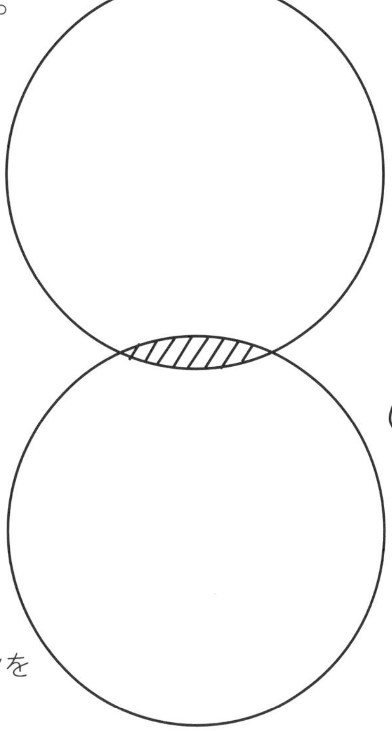

●作り方

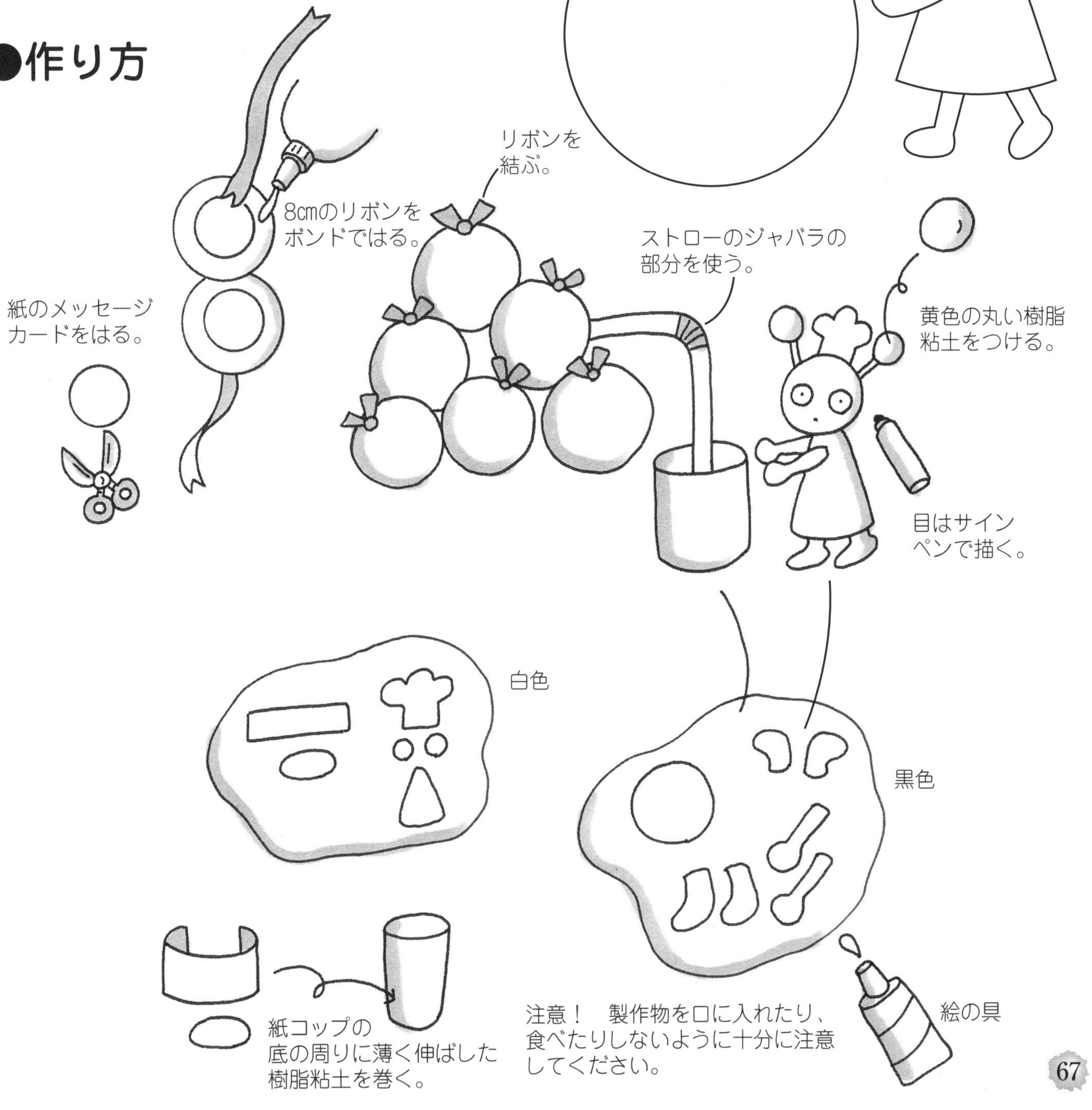

8cmのリボンをボンドではる。
リボンを結ぶ。
ストローのジャバラの部分を使う。
紙のメッセージカードをはる。
黄色の丸い樹脂粘土をつける。
目はサインペンで描く。
白色
黒色
紙コップの底の周りに薄く伸ばした樹脂粘土を巻く。
絵の具

注意！　製作物を口に入れたり、食べたりしないように十分に注意してください。

雪が降る

※作品は19ページに載っています。

●型紙

型紙を拡大コピーして
色画用紙に写し取り、
切り抜きます。

●作り方

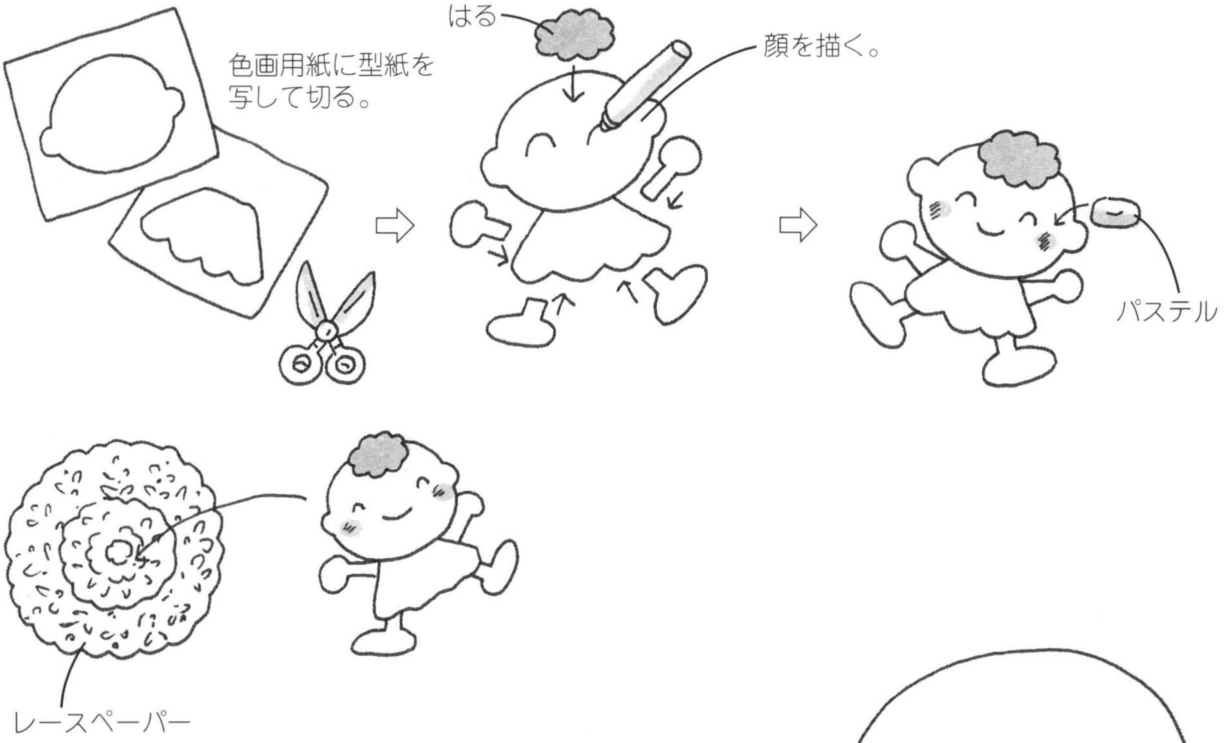
色画用紙に型紙を
写して切る。
はる
顔を描く。
パステル
レースペーパー

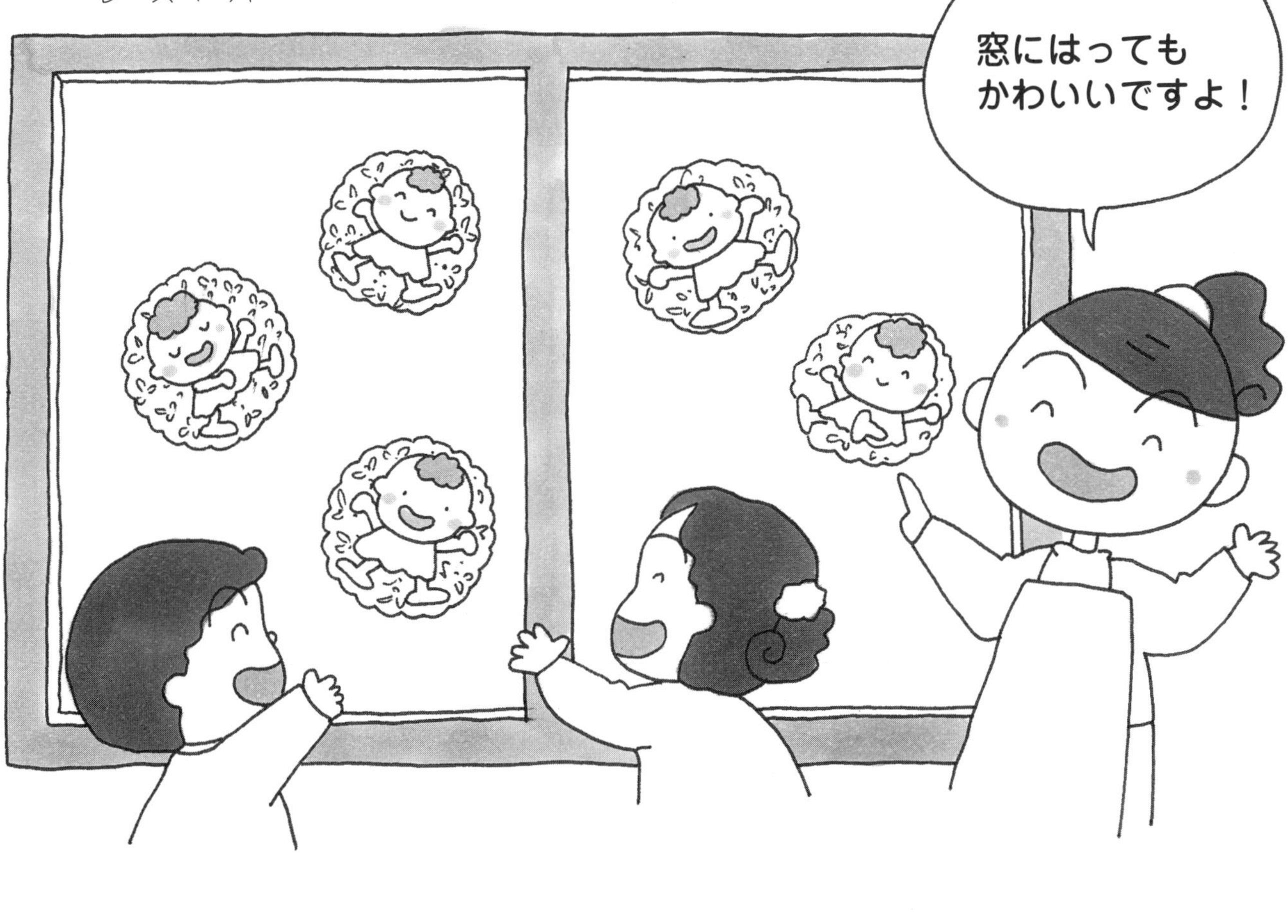
窓にはっても
かわいいですよ！

クリスマス

※作品は20ページに載っています。

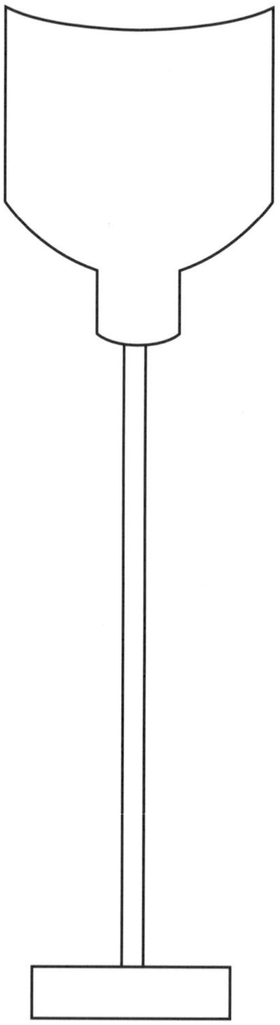

●型紙

※拡大コピーをしてください。

樹脂粘土は、とても軽くて扱いやすい製作素材です。手芸店や画材店などで手に入ります。入手しにくい場合は、96ページをご参照ください。樹脂粘土の基本作業は、33ページに載っています。

●作り方 樹脂粘土で作ります。

型紙どおりに切って
中心を少し曲げる。
ボンドで手につける。
目鼻はマーカーで描く。
白い樹脂粘土を洋服の
上にのせて竹ぐしでつ
ついて毛の感じを出す。
顔と身体はボールのように球
を作り、上から押さえて半球
にする。
横から
見ると
白粘土を丸める。
厚さ1cm以上にする。

赤色の
絵の具
細いひもにボンド
をつけて差し込む。
白い樹脂粘土を丸める。
目、口はマーカーで描く。

袋は樹脂粘土を薄く
伸ばして、長方形を
筒に折って、ふちを
つまんでくっつける。

注意！　製作物を口に入れたり、食べたり
しないように十分に注意してください。

サンタクロース・リース ※作品は21ページに載っています。

●型紙

型紙を拡大コピーして色画用紙に
写し取り、切り抜きます。

●作り方

段ボール
カッターナイフでドーナツ型に切り抜く。
色画用紙を切ってリースを作る。
モール
モールで結び目を作る。
はる
空き箱
ペットボトルを切り取る。

はりつける。

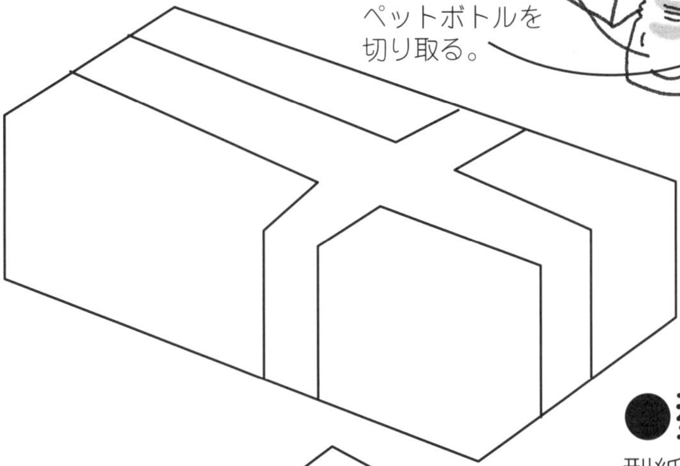

●型紙

型紙を拡大コピーして
色画用紙に写し取り、
切り抜きます。

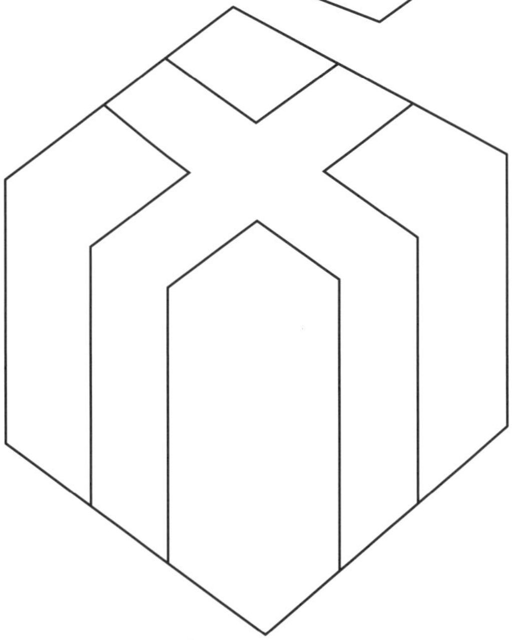

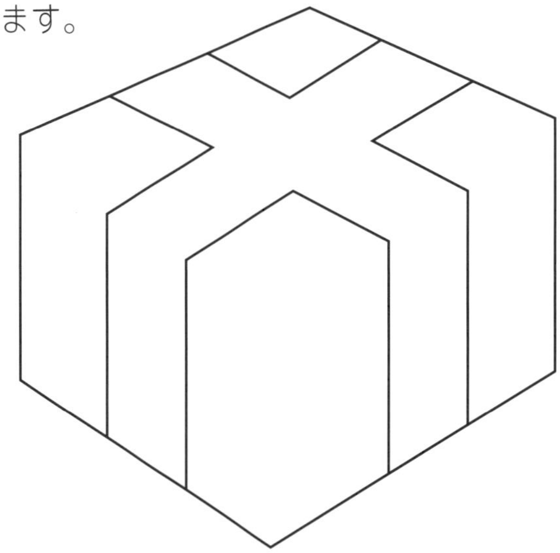

お正月

※作品は22ページに載っています。

●型紙

型紙を拡大コピーして色画用紙に写し取り、切り抜きます。

色画用紙
切る
切る
色画用紙

●作り方

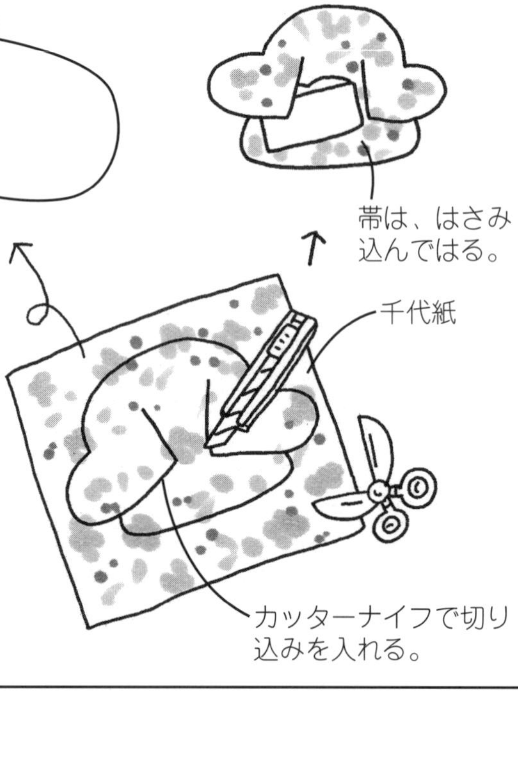
帯は、はさみ
込んではる。
千代紙
カッターナイフで切り
込みを入れる。

段ボールに色画用紙をはって切り抜く。

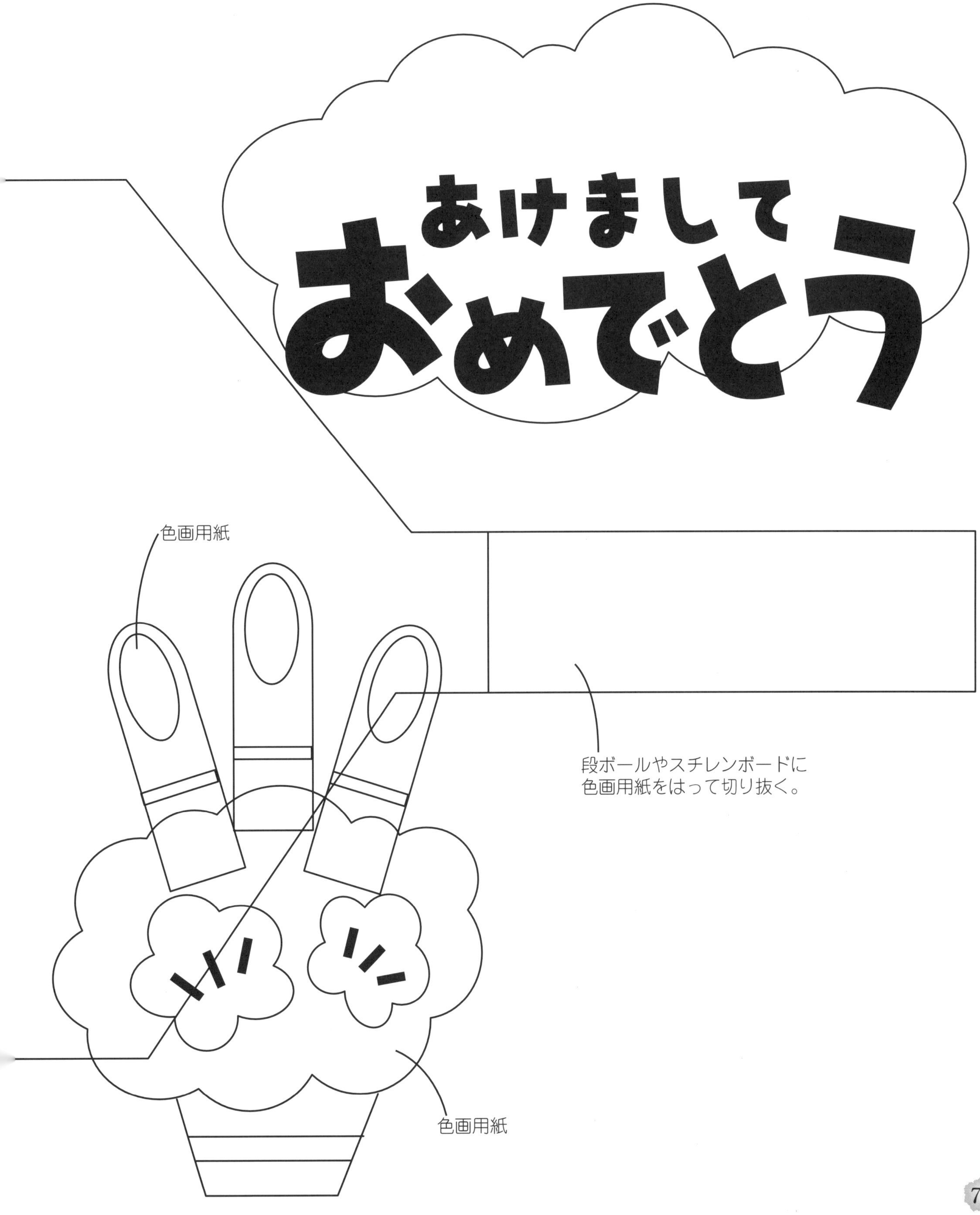
あけまして
おめでとう
色画用紙
段ボールやスチレンボードに
色画用紙をはって切り抜く。
色画用紙

ひなまつり

※作品は23ページに載っています。

●型紙

※拡大コピーをしてください。

樹脂粘土は、とても軽くて扱いやすい製作素材です。手芸店や画材店などで手に入ります。入手しにくい場合は、96ページをご参照ください。樹脂粘土の基本作業は、33ページに載っています。

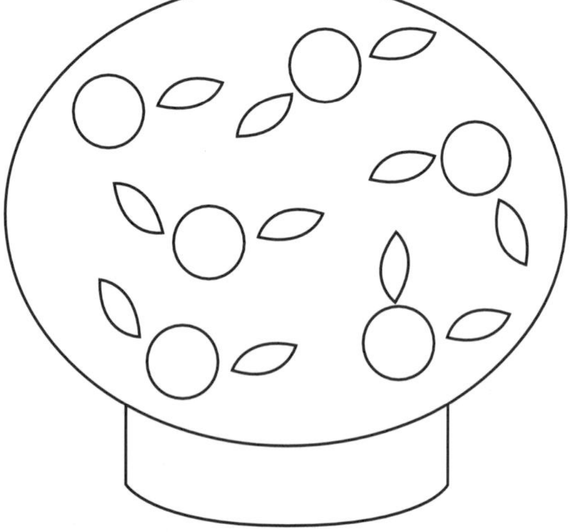

それぞれの色の
絵の具を混ぜる

●作り方 樹脂粘土で作ります。

それぞれの色のつけ方は23ページの写真を参考にしてください。写真のとおりに着色する必要はありません。

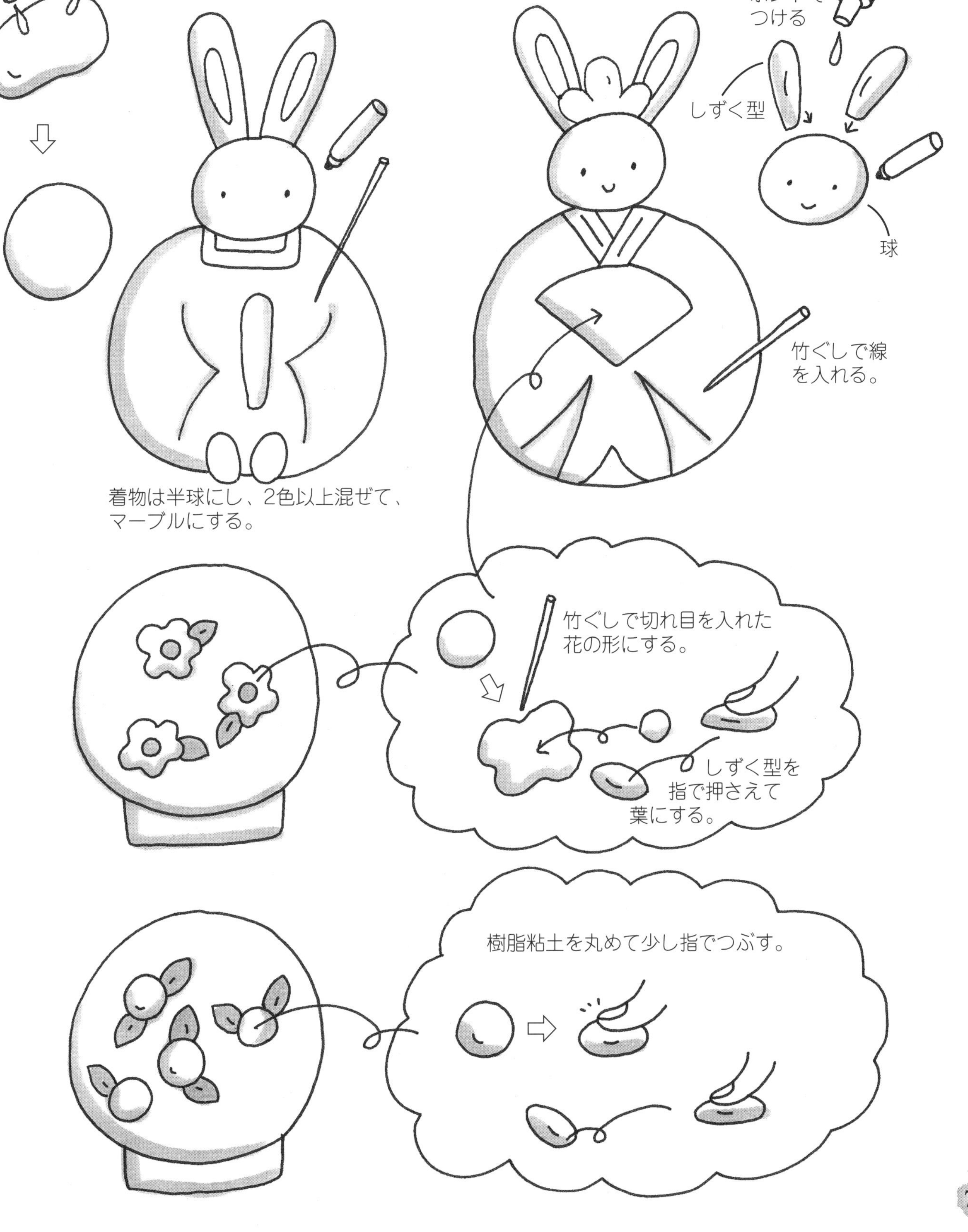
ボンドで
つける
しずく型
球
竹ぐしで線
を入れる。
着物は半球にし、2色以上混ぜて、
マーブルにする。
竹ぐしで切れ目を入れた
花の形にする。
しずく型を
指で押さえて
葉にする。
樹脂粘土を丸めて少し指でつぶす。

※作品は24ページに載っています。

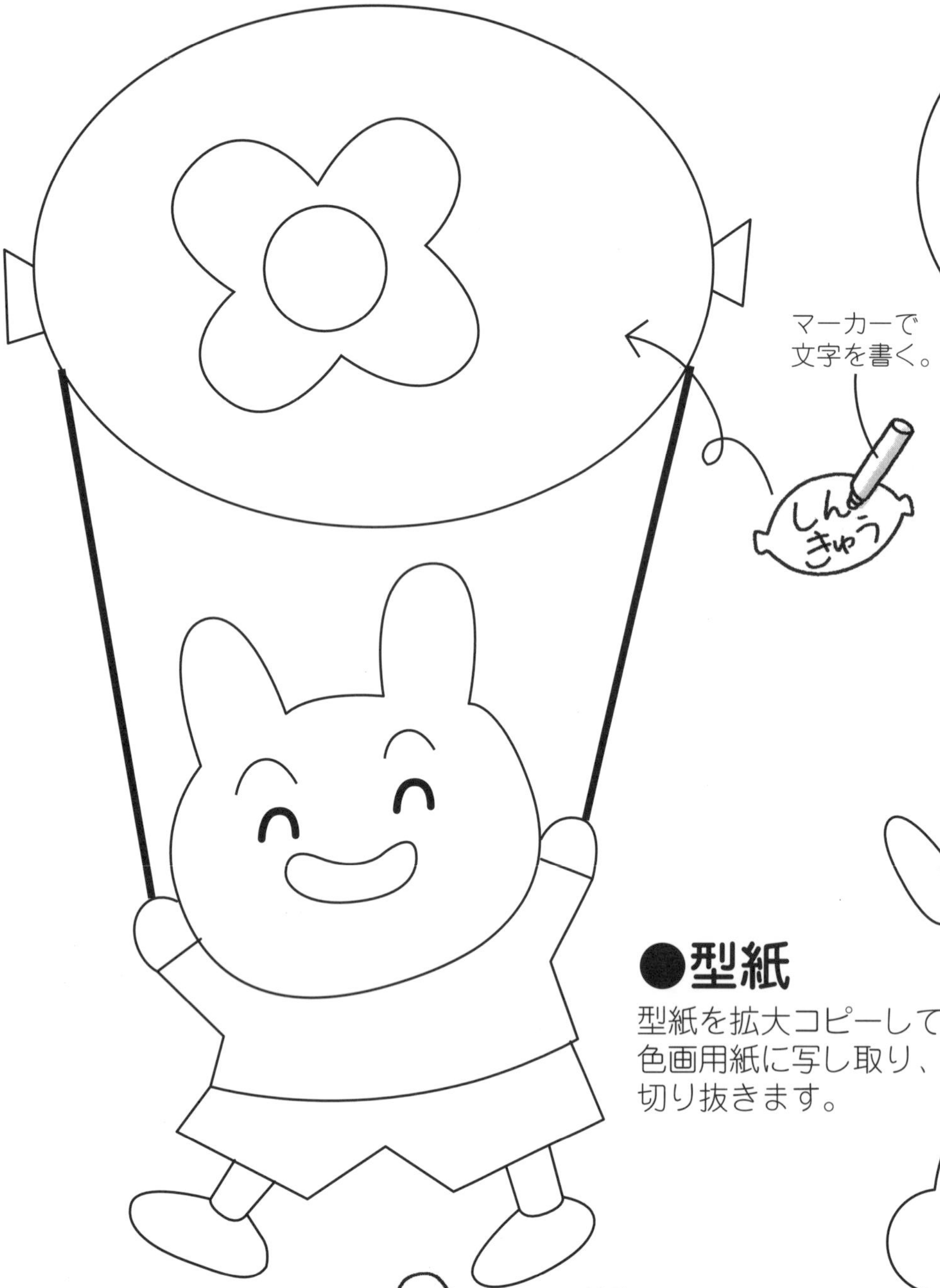
マーカーで
文字を書く。
しんきゅう

●型紙

型紙を拡大コピーして
色画用紙に写し取り、
切り抜きます。

●作り方

色画用紙で
作ります。

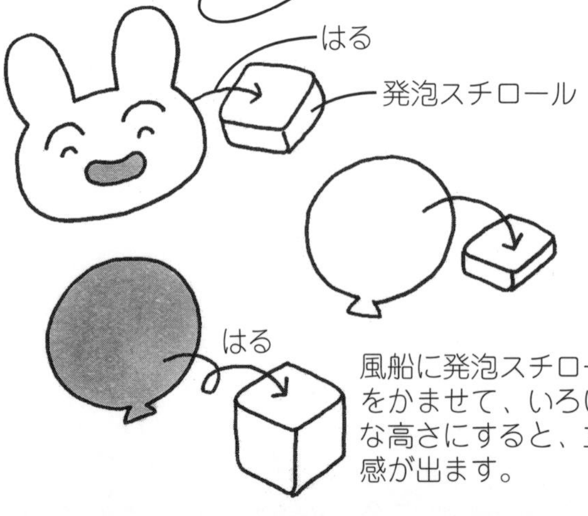
はる
発泡スチロール
はる

風船に発泡スチロール
をかませて、いろいろ
な高さにすると、立体
感が出ます。

●型紙

型紙を拡大コピーして色画用紙に写し取り、切り抜きます。

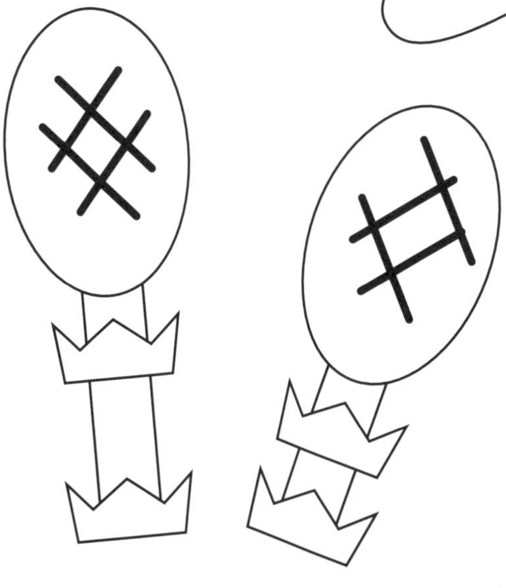

※草は、24ページの写真を見て作ってください。

卒園おめでとう

※作品は25ページに載っています。

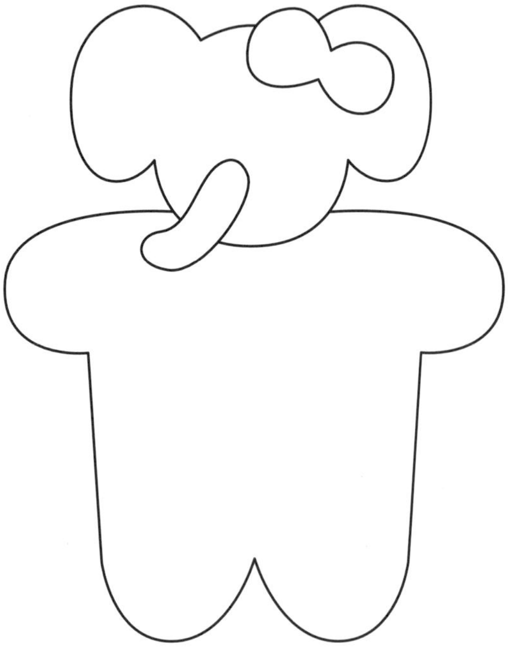

●型紙

※拡大コピーをしてください。

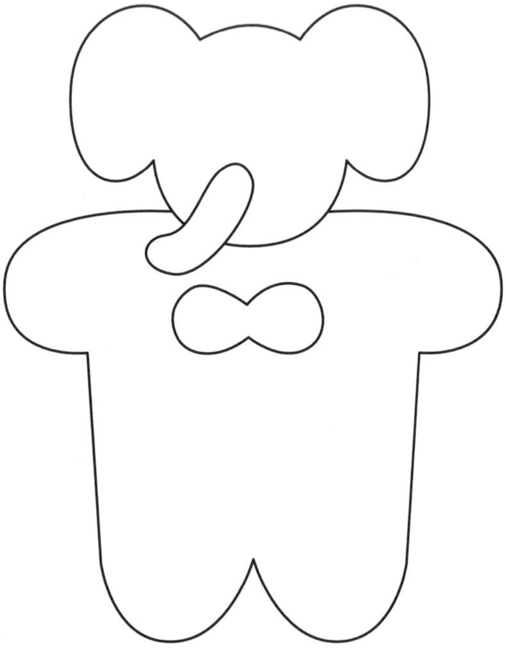

●作り方 樹脂粘土で作ります。

女の子はリボン。

マーカーで
名前を書く。

男の子は
ちょうネクタイ。

マーカーで
名前を書く。

マーカーで
文字を書く。

黄色の樹脂粘土の花の上に
白い樹脂粘土の球を指で
押さえてのせる。

モールの上
にボンドで
花をはる。

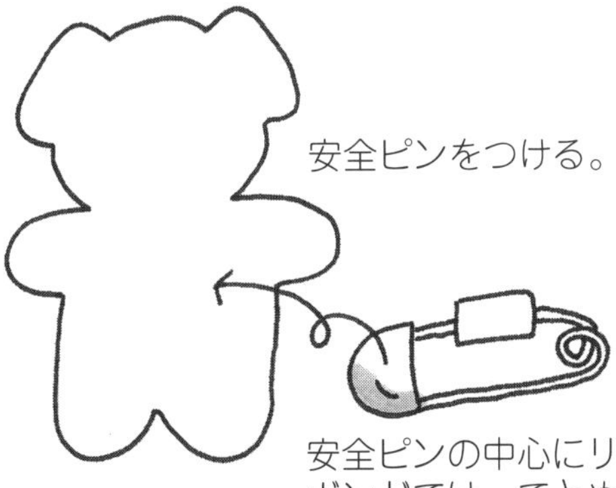

安全ピンをつける。

安全ピンの中心にリボンをつけ、
ボンドではってとめる。

裏に安全ピンを
つけると名札に
なる。

冬の誕生表

※作品は26ページに載っています。

毛糸の手袋の誕生表

●型紙

型紙を拡大コピーして色画用紙に
写し取り、切り抜きます。

●作り方

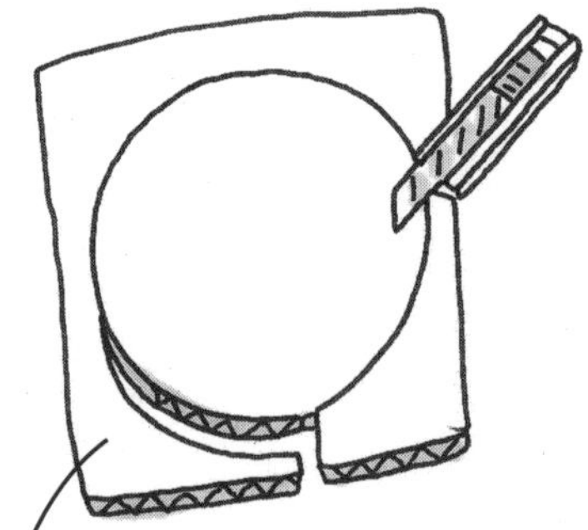

段ボールを円に切り抜く。

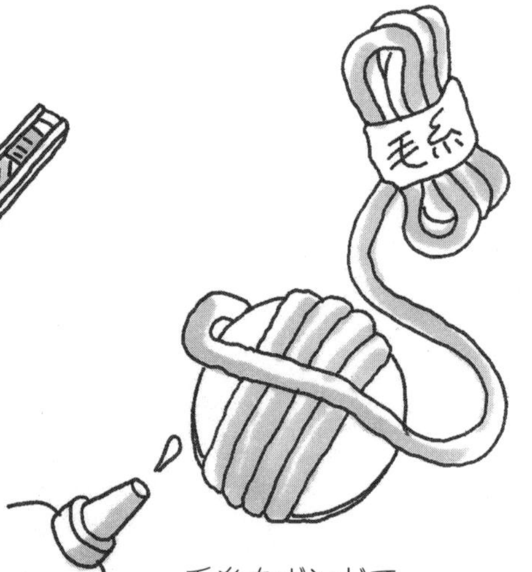

毛糸をボンドで
はりつけていく。

手袋と帽子の誕生表

樹脂粘土で作ります。

●型紙

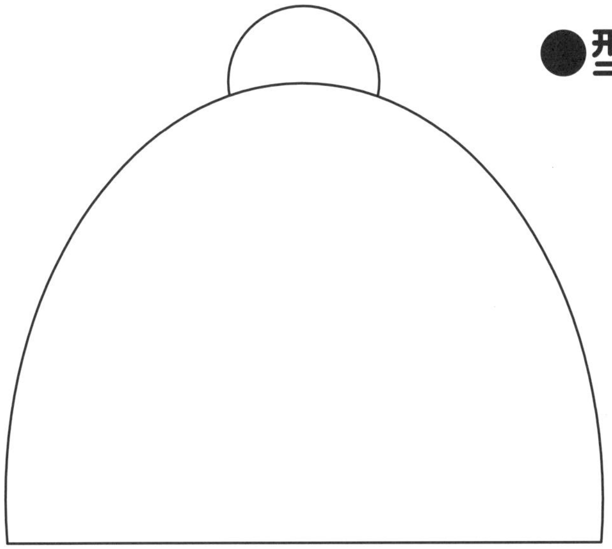

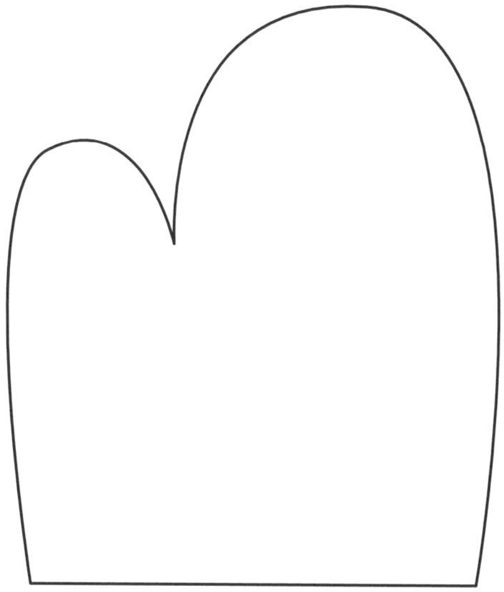

注意！　製作物を口に入れたり、食べたりしないように十分に注意してください。

●作り方

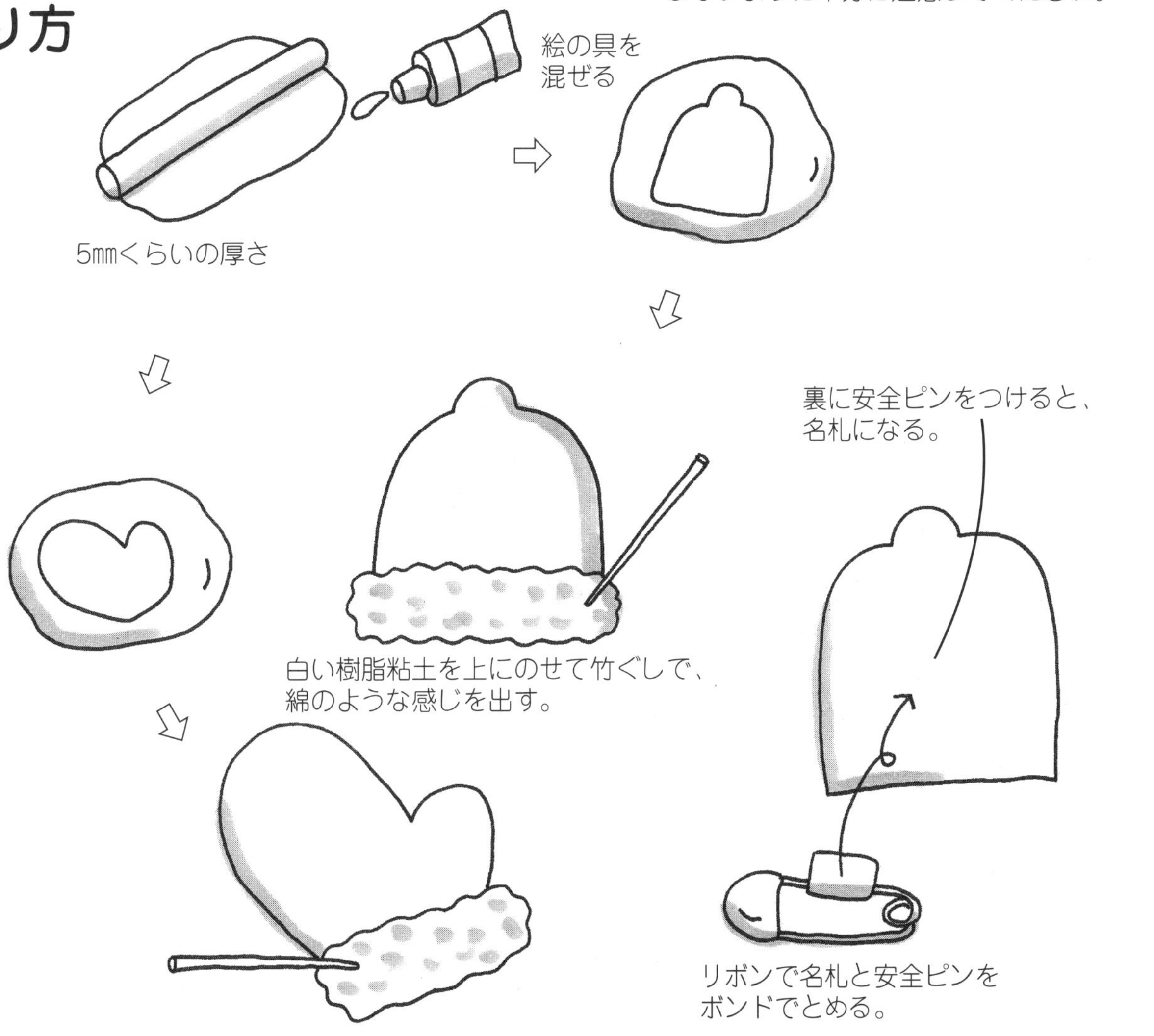
絵の具を混ぜる
5㎜くらいの厚さ
白い樹脂粘土を上にのせて竹ぐしで、綿のような感じを出す。
裏に安全ピンをつけると、名札になる。
リボンで名札と安全ピンをボンドでとめる。

※作品は27ページに載っています。

ヒヨコ

●型紙

型紙を拡大コピーして色画用紙に写し取り、切り抜きます。

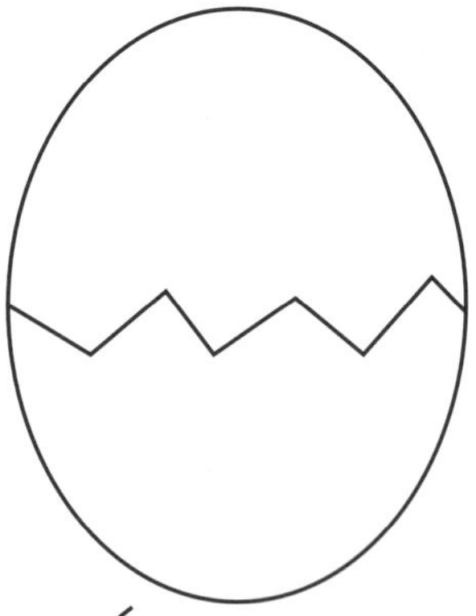

●作り方

たまごを切り抜き、
カッターナイフで
二つに切る。

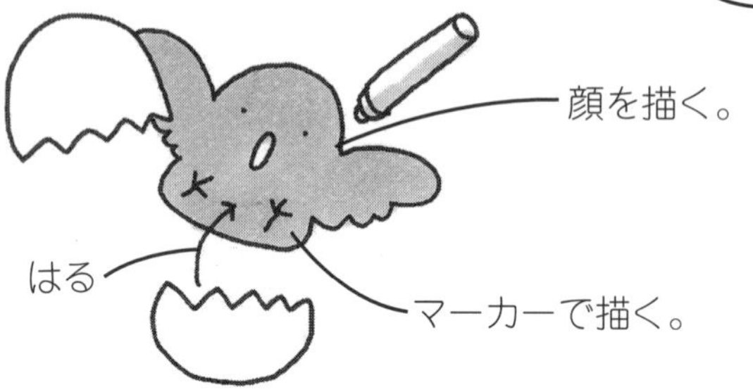

顔を描く。
はる
マーカーで描く。

階段の段の
部分に
はっても
楽しい
ですよ。

キノコ　樹脂粘土で作ります。

樹脂粘土は、とても軽くて扱いやすい製作素材です。手芸店や画材店などで手に入ります。入手しにくい場合は、96ページをご参照ください。樹脂粘土の基本作業は、33ページに載っています。

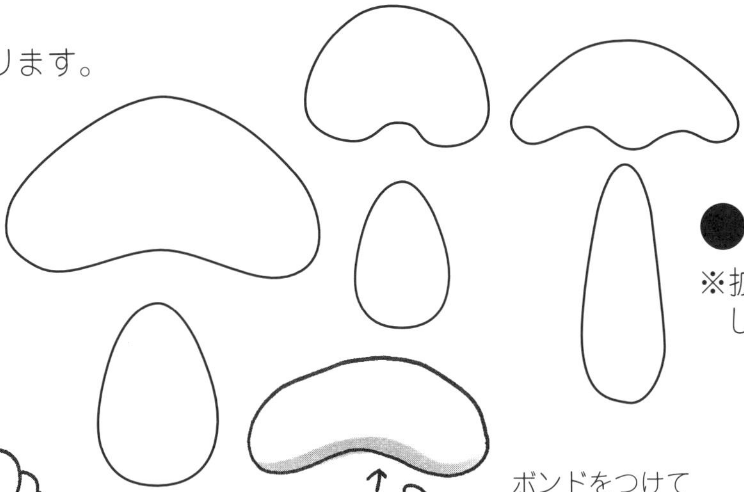

●型紙

※拡大コピーをしてください。

●作り方

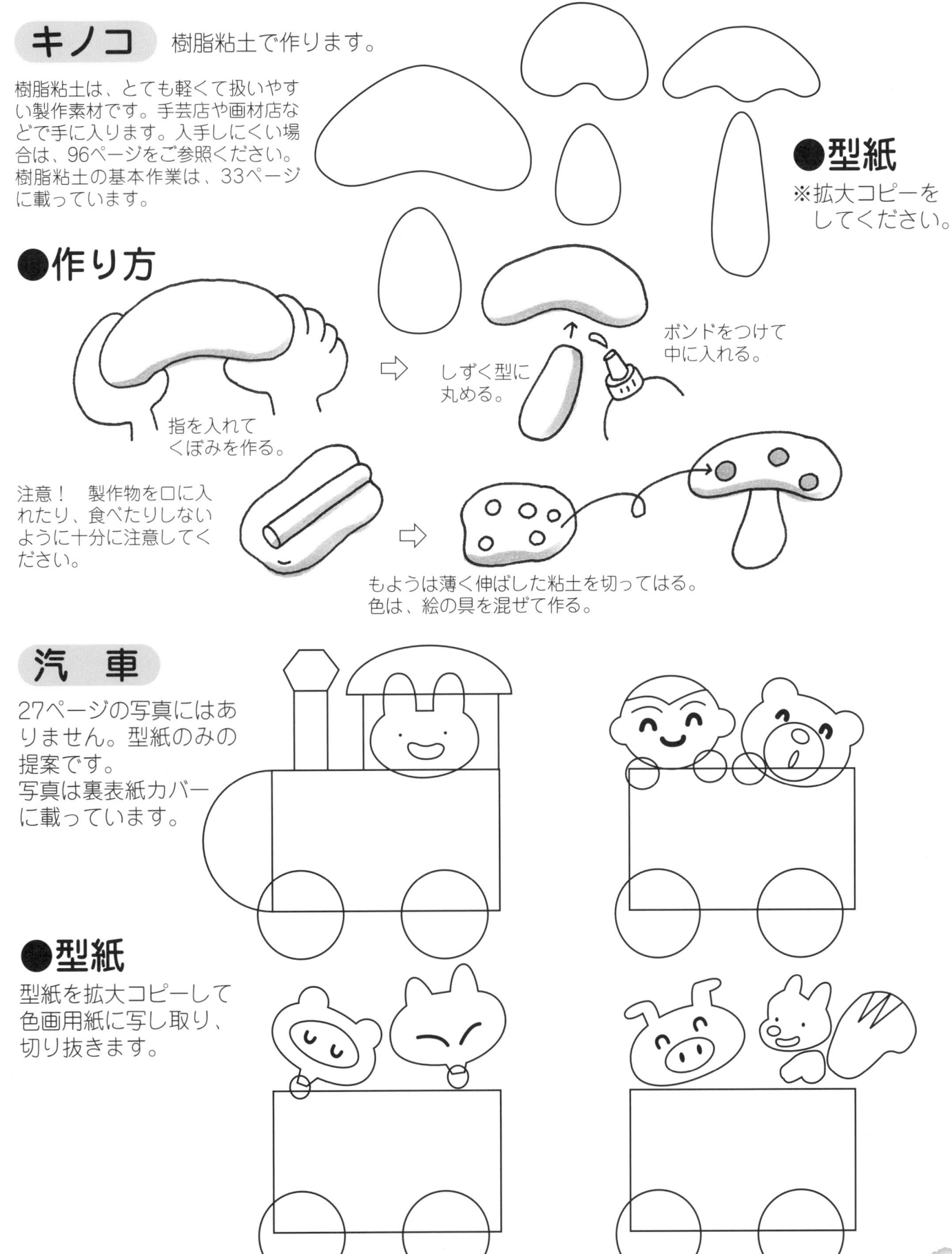

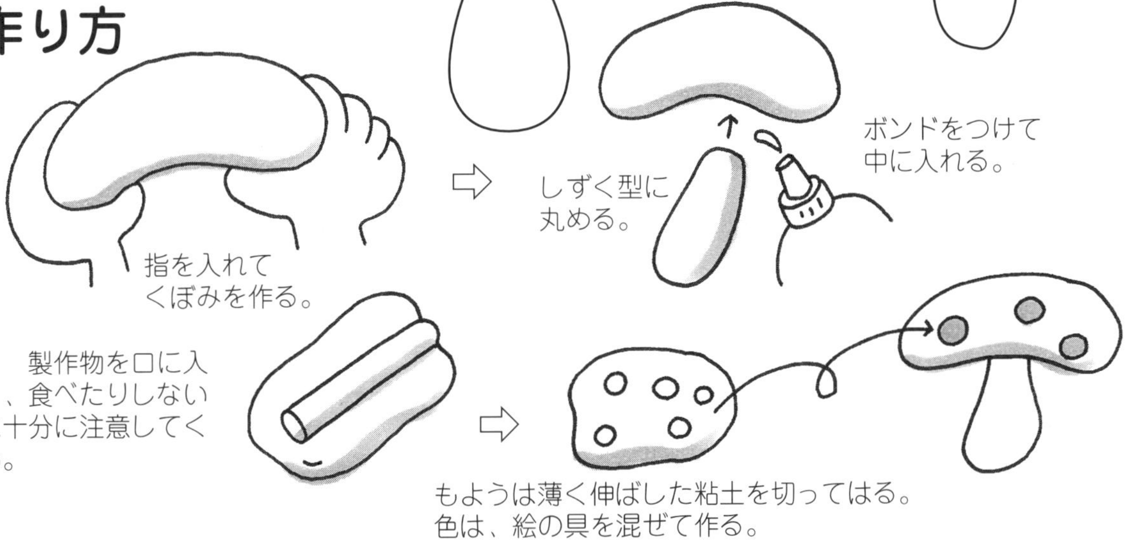
指を入れてくぼみを作る。
しずく型に丸める。
ボンドをつけて中に入れる。
もようは薄く伸ばした粘土を切ってはる。
色は、絵の具を混ぜて作る。

注意！　製作物を口に入れたり、食べたりしないように十分に注意してください。

汽　車

27ページの写真にはありません。型紙のみの提案です。
写真は裏表紙カバーに載っています。

●型紙

型紙を拡大コピーして色画用紙に写し取り、切り抜きます。

のれん(秋・冬)

※作品は28ページに載っています。

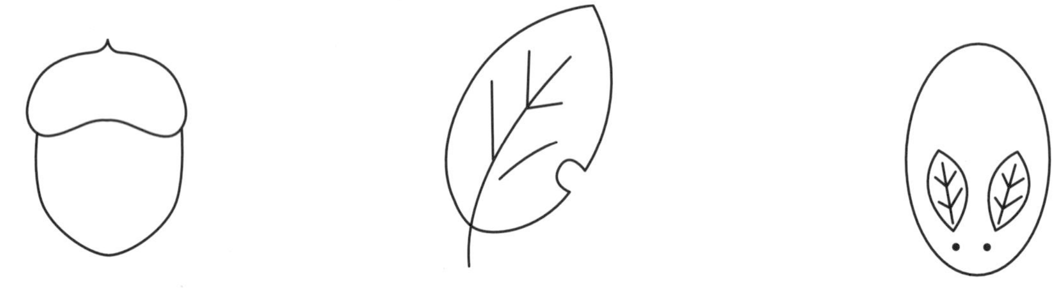

樹脂粘土は、とても軽くて扱いやすい製作素材です。手芸店や画材店などで手に入ります。入手しにくい場合は、96ページをご参照ください。樹脂粘土の基本作業は、33ページに載っています。

●型紙

※拡大コピーをしてください。

●作り方 樹脂粘土で作ります。

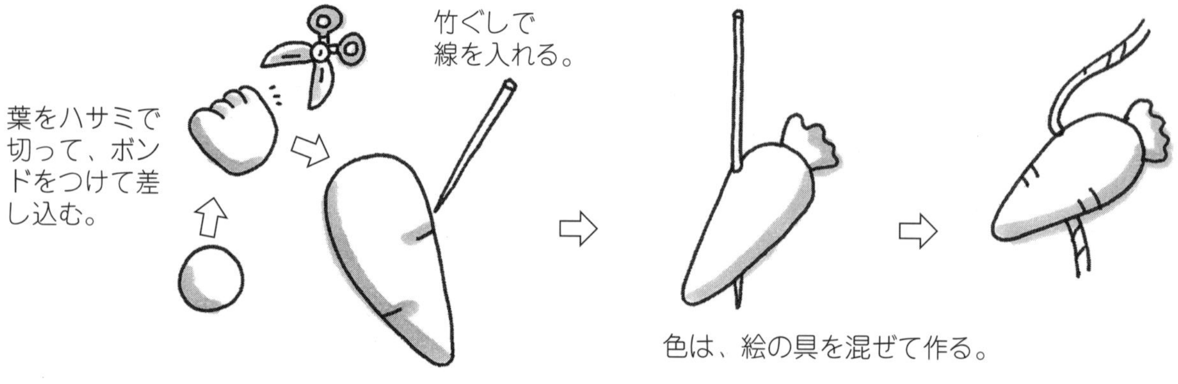
葉をハサミで切って、ボンドをつけて差し込む。
竹ぐしで線を入れる。
色は、絵の具を混ぜて作る。

注意！　製作物を口に入れたり、
食べたりしないように十分に注意
してください。

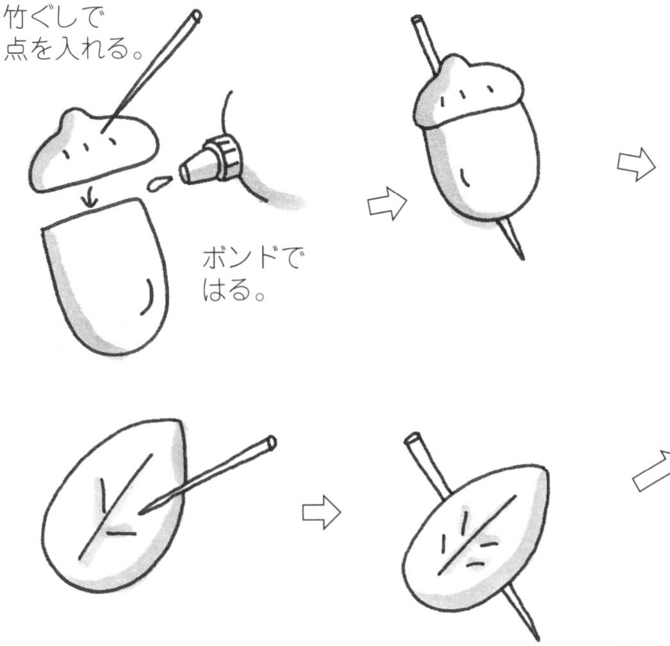
竹ぐしで
点を入れる。
ボンドで
はる。

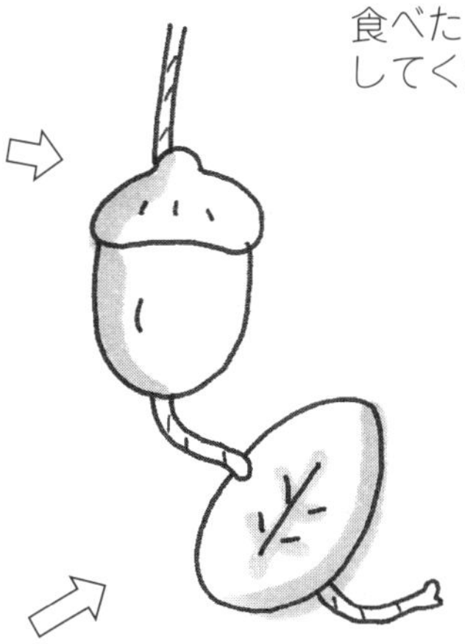

※竹ぐしで、ひもを通す
ための穴をあけておく。

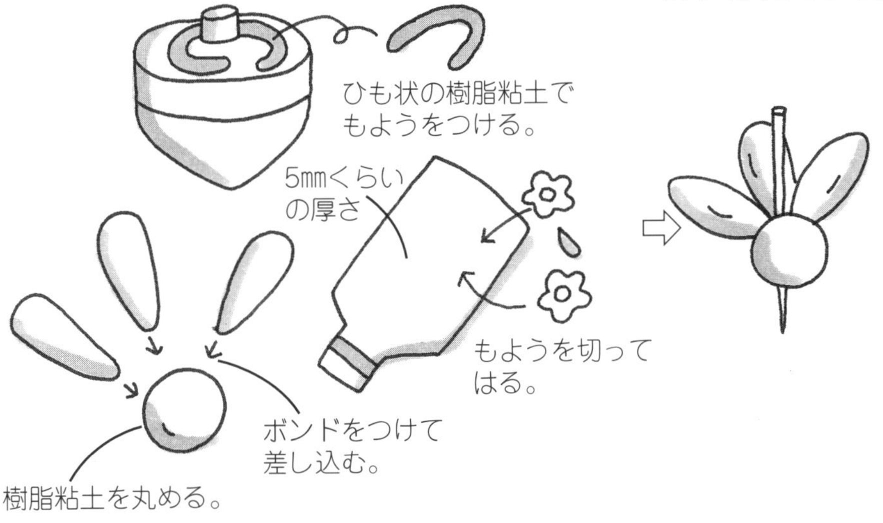
ひも状の樹脂粘土で
もようをつける。
5㎜くらい
の厚さ
もようを切って
はる。
ボンドをつけて
差し込む。
樹脂粘土を丸める。

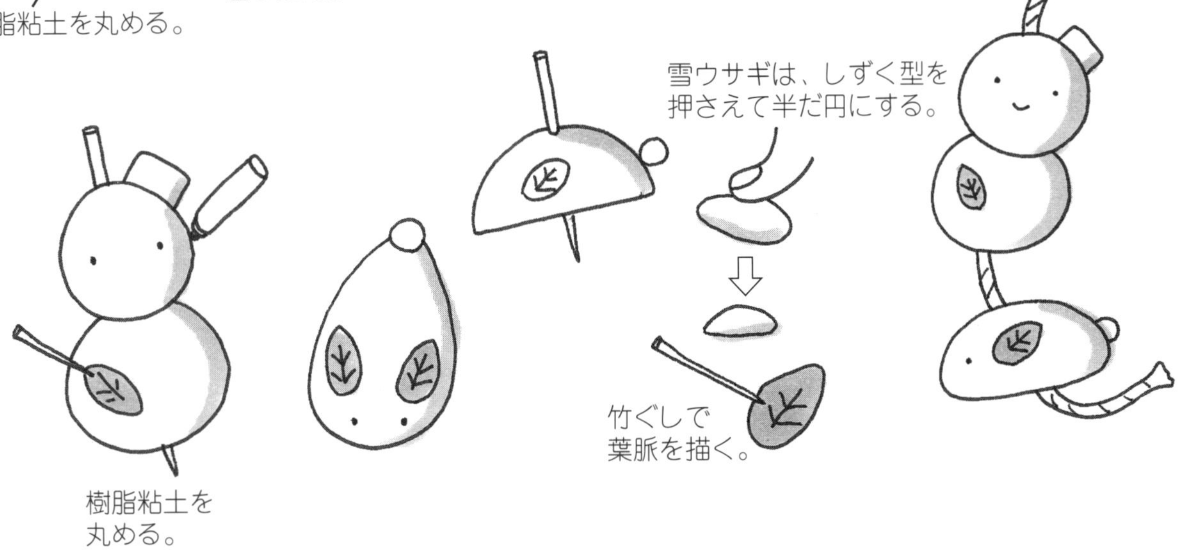
雪ウサギは、しずく型を
押さえて半だ円にする。
竹ぐしで
葉脈を描く。
樹脂粘土を
丸める。

 ※作品は29ページに載っています。

ペットボトルを使った花びん

●型紙
※拡大コピーをしてください。

●作り方

ペットボトルをカッターナイフで切り取る。

樹脂粘土を丸めたウサギの顔の中にキャップを埋め込む。

顔を描く。

樹脂粘土を手で伸ばしてペットボトルに巻きつける。

樹脂粘土の襟と腕をつける。

顔を回してキャップをはずし、水を入れる。

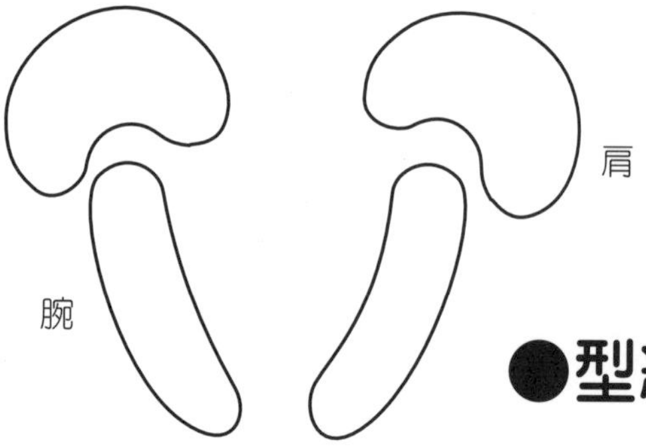

●型紙
※拡大コピーをしてください。

植木鉢の受け皿

●型紙 ※拡大コピーをしてください。

●作り方

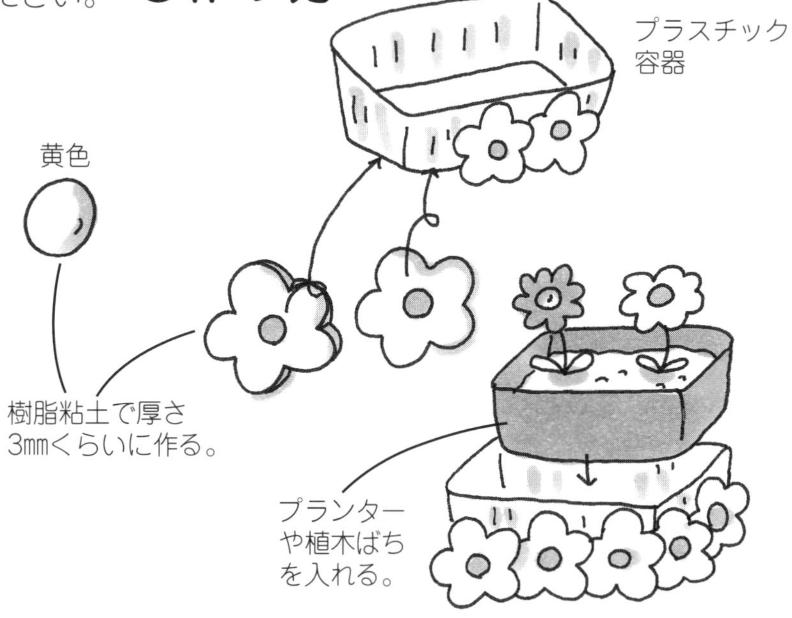

プラスチック容器
黄色
樹脂粘土で厚さ3㎜くらいに作る。
プランターや植木ばちを入れる。

植木鉢の名札

●型紙

※拡大コピーをしてください。

樹脂粘土で厚さ3㎜くらいに作る。

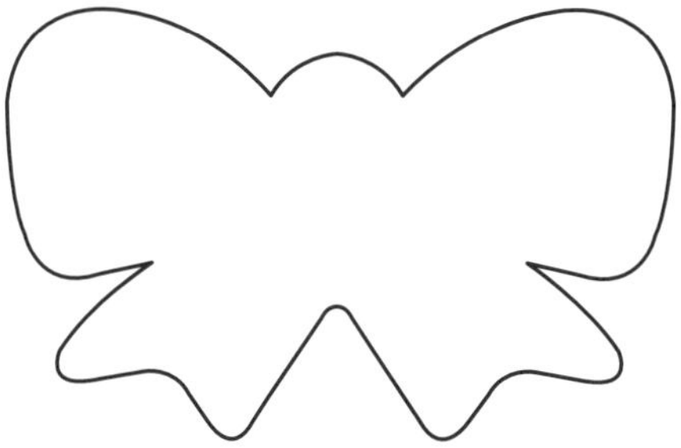

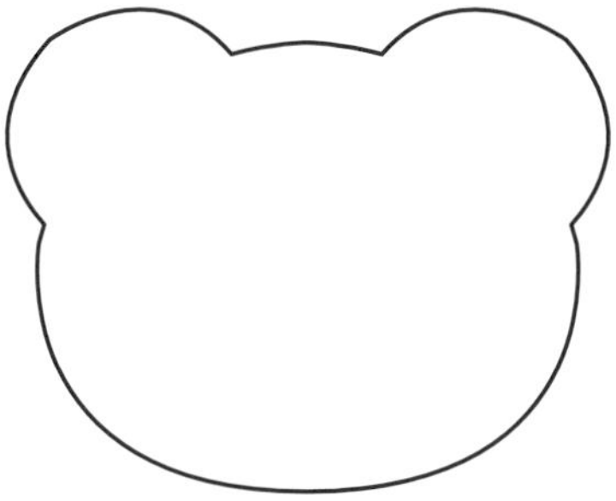

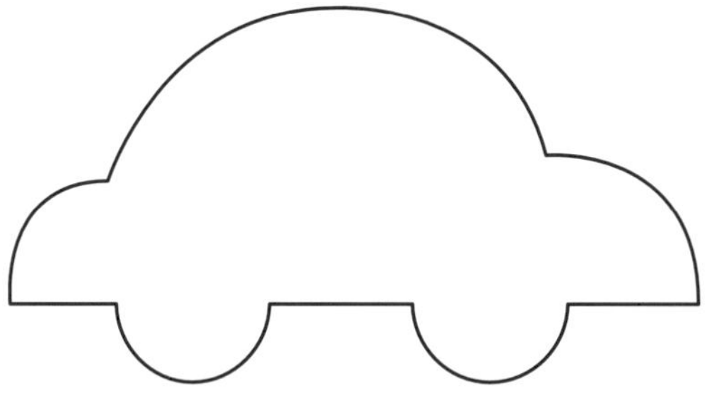

●作り方

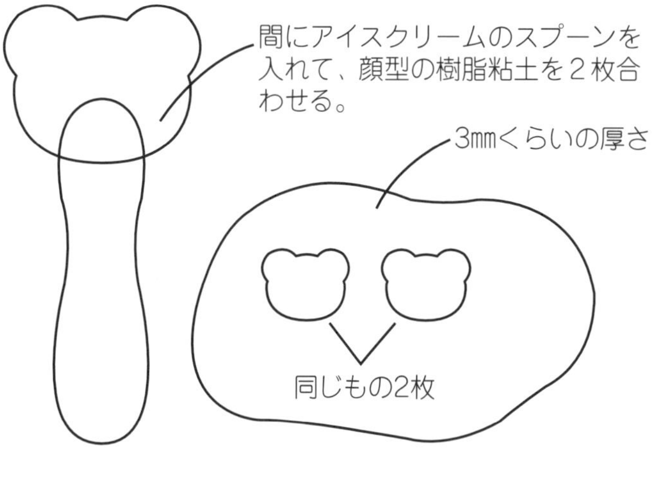

間にアイスクリームのスプーンを入れて、顔型の樹脂粘土を２枚合わせる。
3㎜くらいの厚さ
同じもの2枚

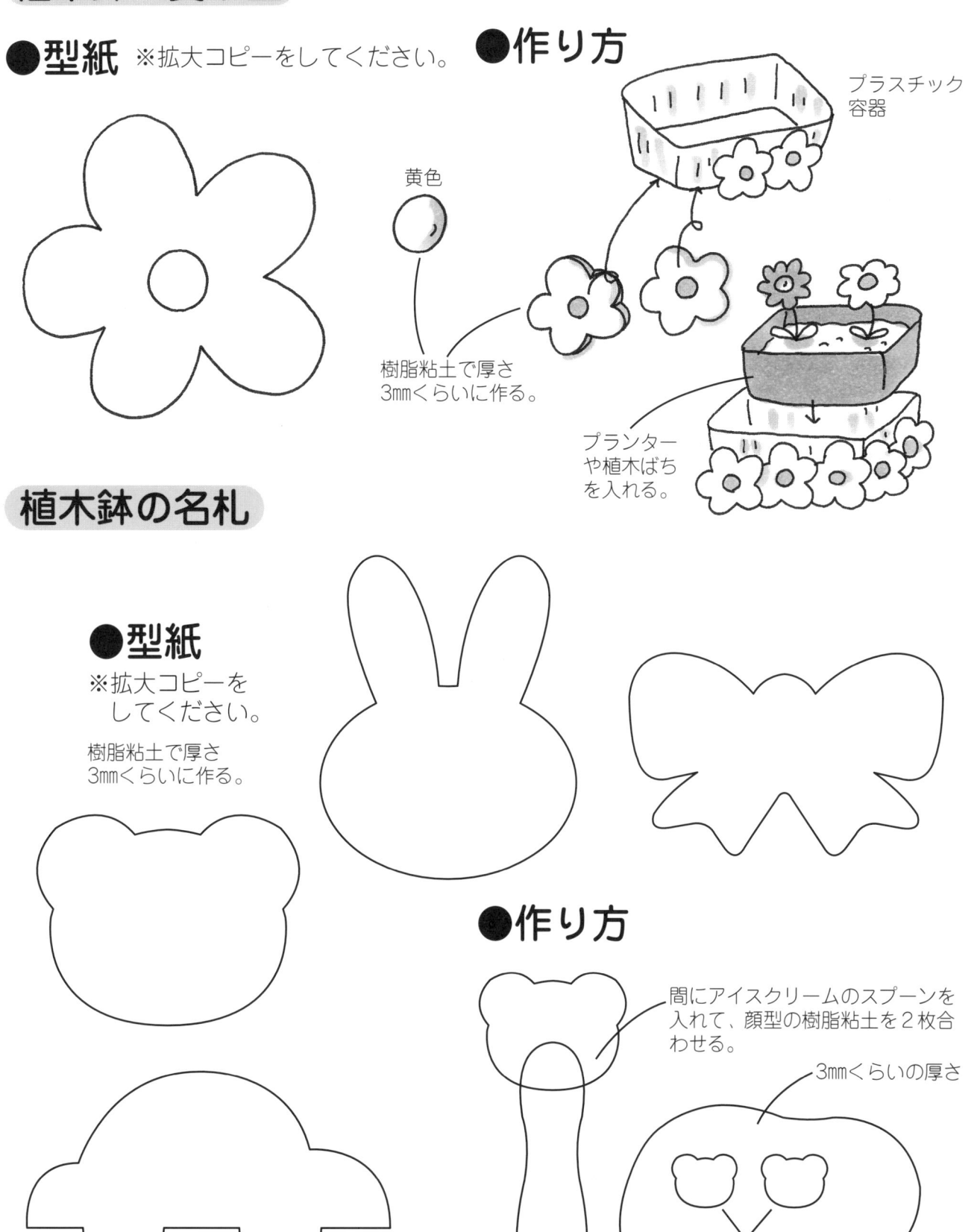

※作品は30ページに載っています。

手を洗おう

てをあらおう！

●型紙

型紙を拡大コピーして色画用紙に写し取り、切り抜きます。

静かにしてね

しずかにしてね

●型紙

型紙を拡大コピーして色画用紙に写し取り、切り抜きます。

●作り方

色鉛筆や
マーカーで
色をつける。
色画用紙にコピーする。
切り抜く。
はる
色画用紙
しずかに
書く

※「手を洗おう！」も同じように作ります。

かたづけよう！

かたづけよう！

●型紙

型紙を拡大コピーして
色画用紙に写し取り、
切り抜きます。

※「静かにしてね」と
同じようにして作ります。

きちんと入れよう（くつ箱）

きちんといれよう!

●型紙

型紙を拡大コピーして
色画用紙に写し取り、
切り抜きます。

掲示板②

※作品は31ページに載っています。

お知らせ掲示板

●型紙

※拡大コピーを
してください。

注意！　製作物を口に入れたり、
食べたりしないように十分に注意してください。

給食献立掲示板

樹脂粘土は、とても軽くて扱いやすい製作素材です。手芸店や画材店などで手に入ります。入手しにくい場合は、96ページをご参照ください。樹脂粘土の基本作業は、33ページに載っています。

●作り方

樹脂粘土で作ります。

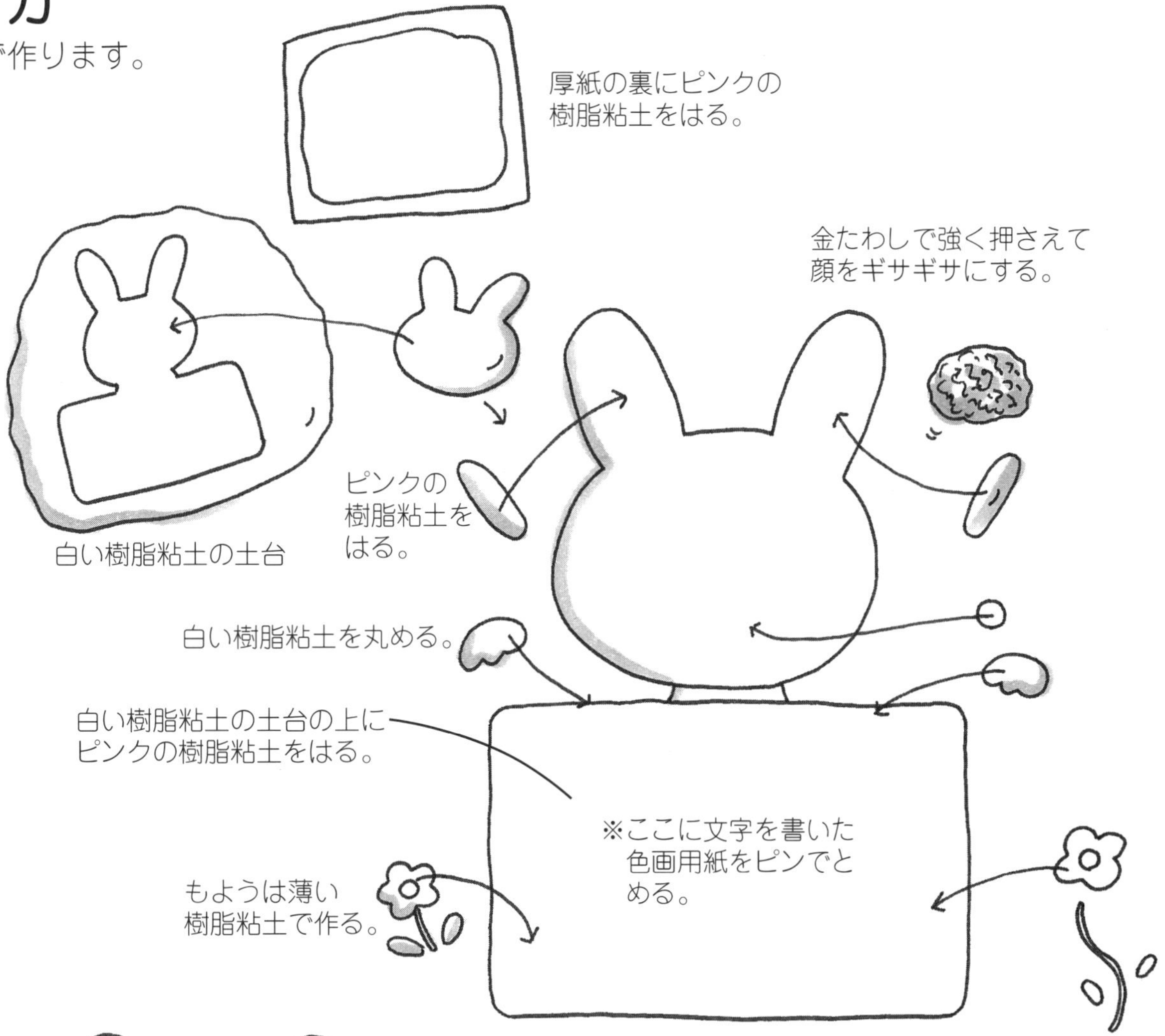

厚紙の裏にピンクの
樹脂粘土をはる。
金たわしで強く押さえて
顔をギサギサにする。
白い樹脂粘土の土台
ピンクの
樹脂粘土を
はる。
白い樹脂粘土を丸める。
白い樹脂粘土の土台の上に
ピンクの樹脂粘土をはる。
※ここに文字を書いた
色画用紙をピンでと
める。
もようは薄い
樹脂粘土で作る。

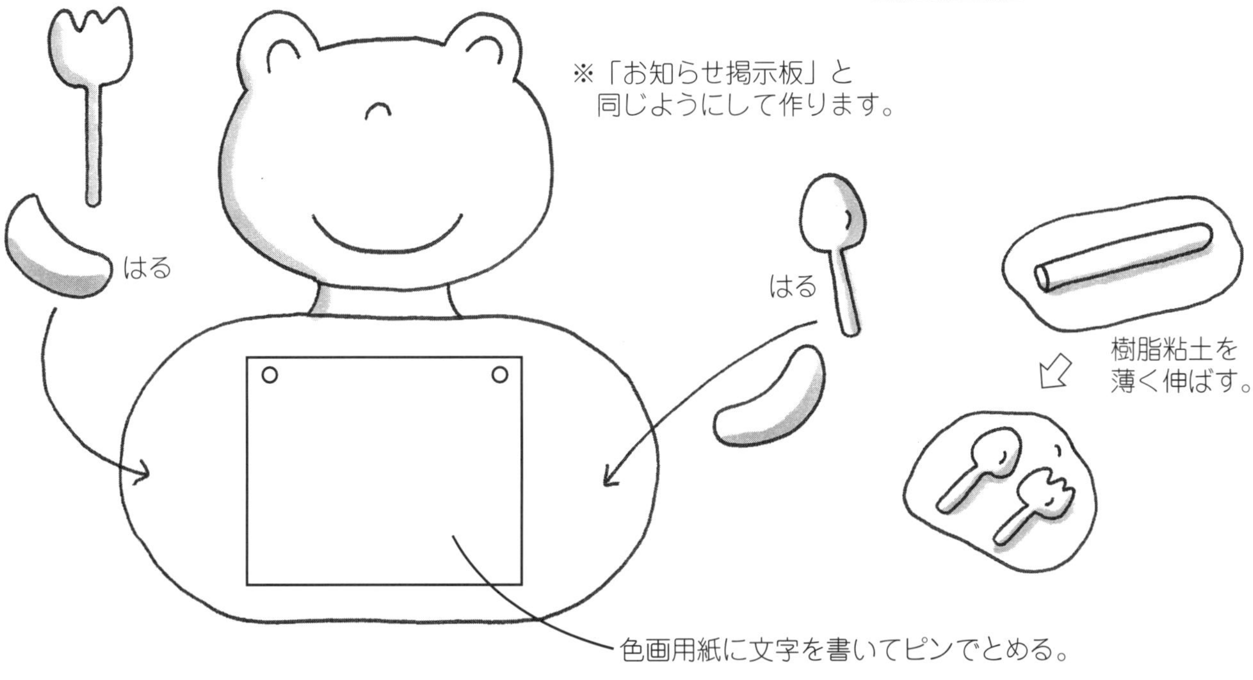

※「お知らせ掲示板」と
同じようにして作ります。
はる
はる
樹脂粘土を
薄く伸ばす。
色画用紙に文字を書いてピンでとめる。

おしゃべりエプロン

※作品は32ページに載っています。

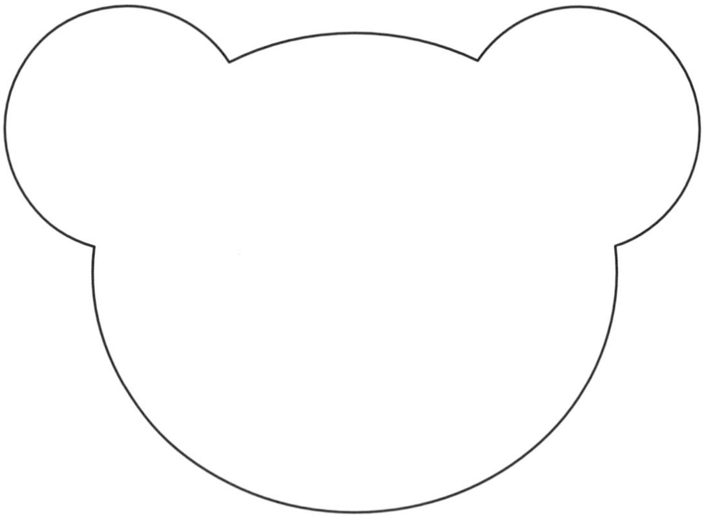

●型紙

※拡大コピーを
してください。

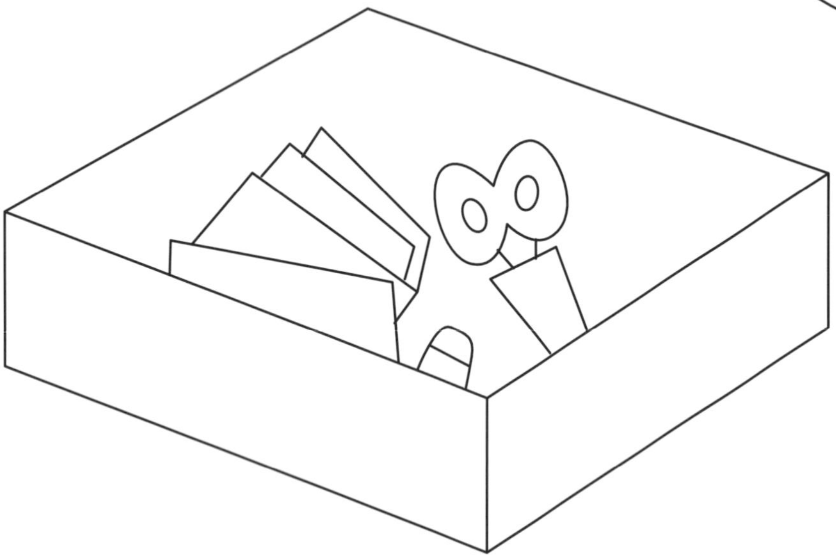

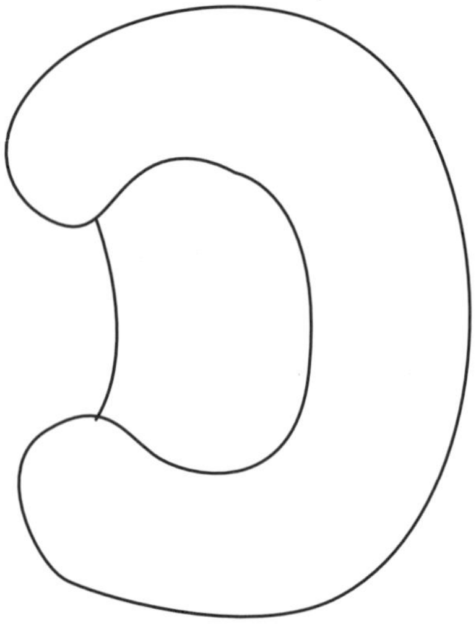

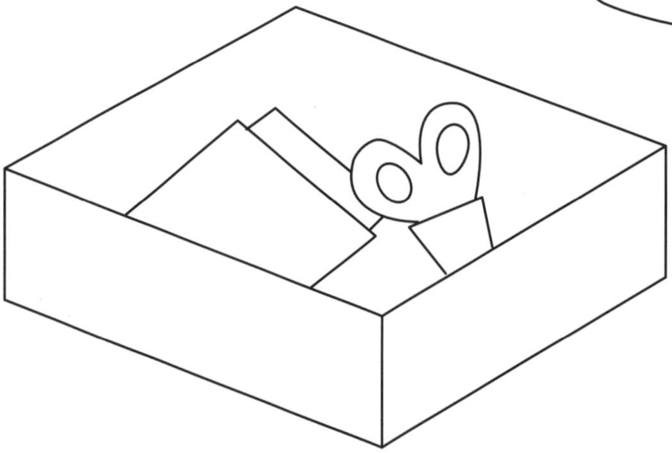

●作り方

顔部分は、フエルト2枚の間に布をはさんで縫い合わせるか3枚をボンドではる。

フエルトで目、耳、鼻、口をはる。

襟は上半分を縫うかボンドではる。

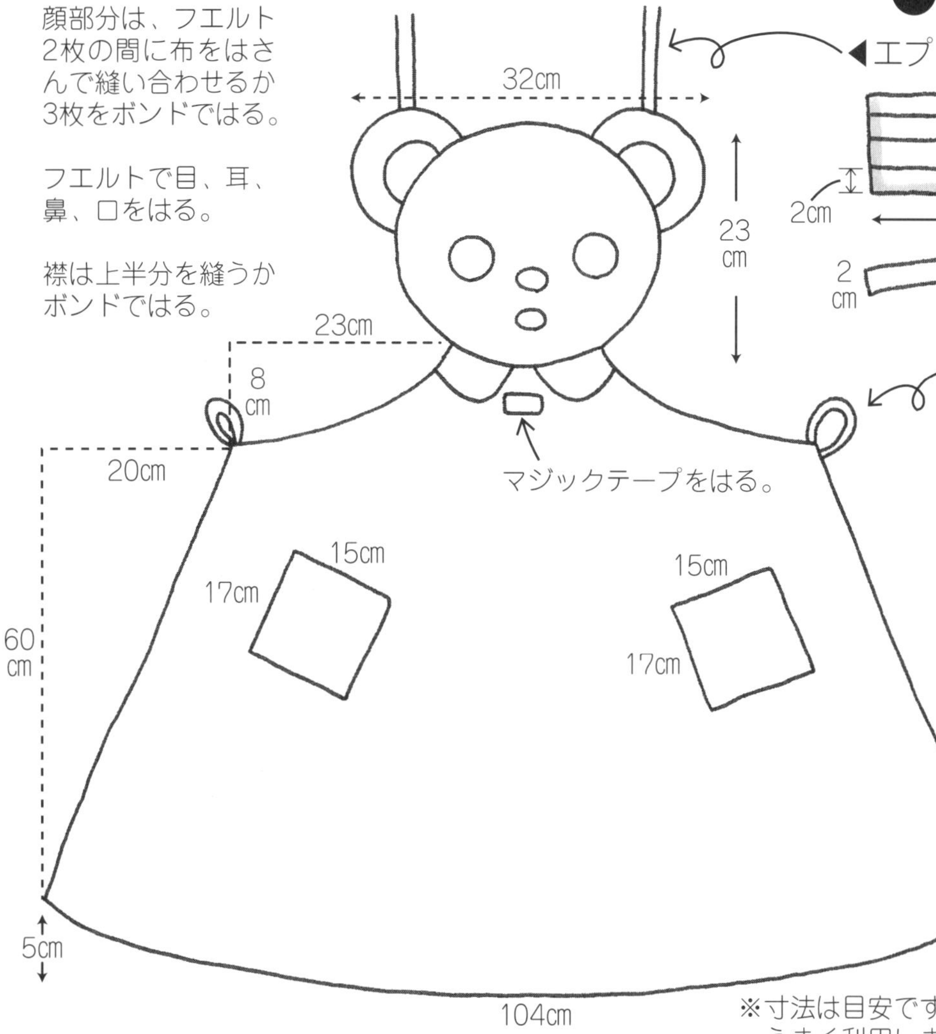

32cm
23cm
23cm
8cm
20cm
◀ループ
マジックテープをはる。
15cm
17cm
15cm
17cm
60cm
5cm
104cm

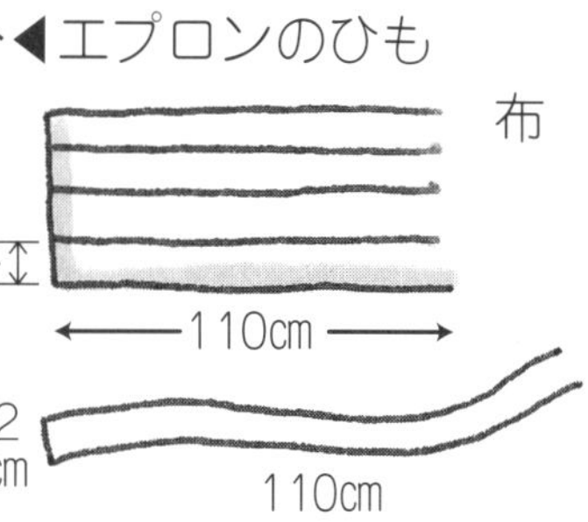

◀エプロンのひも
布
2cm
110cm
2cm
110cm

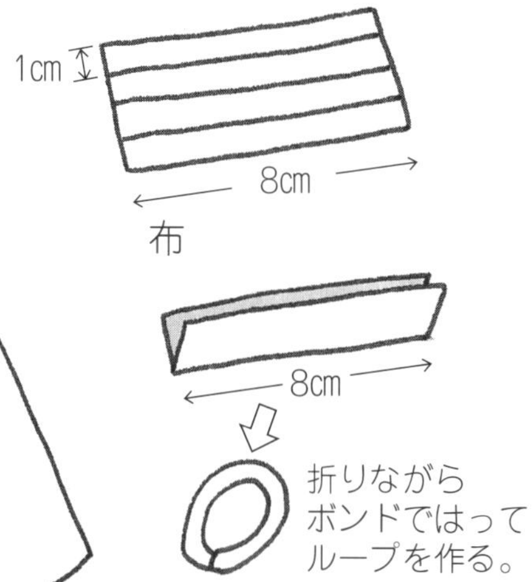

1cm
8cm
布
8cm
折りながらボンドではってループを作る。

※寸法は目安です。既製のエプロンをうまく利用しましょう。

後ろから見た図▶

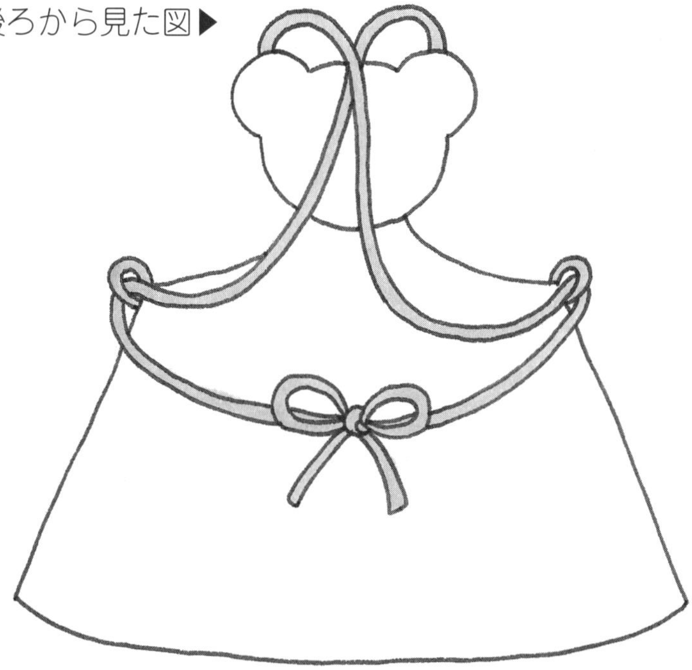

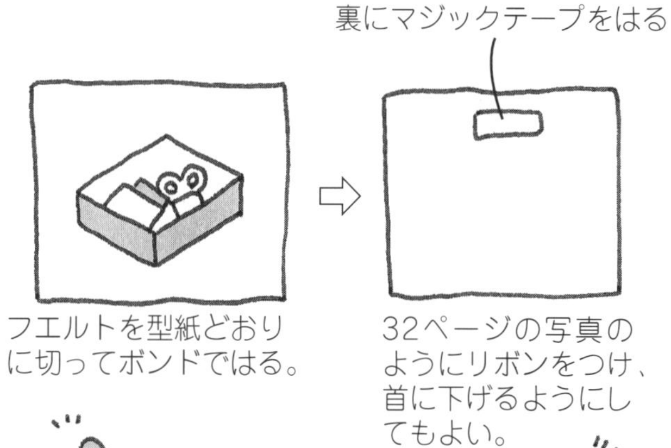

裏にマジックテープをはる
フエルトを型紙どおりに切ってボンドではる。
32ページの写真のようにリボンをつけ、首に下げるようにしてもよい。

※茶色の軍手を使って、クマの手のように見せましょう。

●作品製作者紹介

香山 桂子（かやま けいこ）

1984年から神戸のベビー洋品会社でオリジナルアクセサリーの販売を始める。

1987年から『はりきり絵本シリーズ』や『奥様手帳』などに制作・執筆。

1996年より『NHKおしゃれ工房』に出演し、樹脂粘土やステンシルなどを使ったクラフトを幅広く紹介し、常に新しい分野を開拓し続けている。

1998年から「神戸大丸くじゃくサロン」、2001年からは「読売ファミリー」で講師を務める。

柳　深雪（やなぎ みゆき）

1966年1月、大阪生まれ。

フリーイラストレーター。

創造社デザイン専門学校グラフィック科卒業後、パッケージデザイン広告・商品企画を経て、1992年にイラストレーターとして独立。

『まちがいさがし大百科』（実業之日本社）のイラストのほか、『NHKひとりでできるもん』（NHK出版）、『あそびんぴっく』（月刊ポピー）、『なぞなぞ大行進』（小学館）などでゲームのイラストも手がけている。

黎明書房『保育のアイディアシリーズ』ではペーパークラフトの製作物等を多く発表している。

●イラスト　柳　深雪

●写　　真　中山英理子

●撮影協力　畠中結加

●編集協力　有限会社オフィス・クーニー

〈樹脂粘土について〉

本文中にある樹脂粘土とは、とても軽くて扱いやすい製作素材です。手芸店や画材店などで手に入りますが、入手しにくい場合は、ご面倒でも下記へお問い合わせください。

株式会社　信和サービス　営業部
〒103-8544　東京都中央区日本橋小網町19番12号
電話：03-5641-8165　ファックス：03-5641-8836

かんたん・きれい　幼児《ようじ》の新《あたら》しい壁面構成《へきめんこうせい》

2003年2月20日　初版発行
2003年3月10日　2刷発行

発行者　武馬久仁裕
印刷・製本　株式会社　太洋社

発行所　株式会社　黎《れい》明《めい》書《しょ》房《ぼう》

〒460-0002 名古屋市中区丸の内3-6-27 EBSビル ☎052-962-3045
振替・00880-1-59001 FAX052-951-9065
〒101-0051 東京連絡所・千代田区神田神保町1-32-2 南部ビル302号
☎03-3268-3470

落丁本・乱丁本はお取替します。　ISBN4-654-06077-4